Freude leben – Freude geben

Mein Dank gilt

➢ meinen Eltern, die mir eine wunderbare Basis
für ein glückliches Leben geschaffen haben

➢ meinem Liebsten, der mich liebt, wie ich bin

➢ meinen Freunden, denen keine meiner Ideen zu
verrückt ist

➢ meinen Lesern, Zuhörern und Fans, die mich
mit ihrem Zuspruch so sehr ermutigen

➢ allen Menschen, die mich inspirieren, berühren
und an ihrem Leben teilhaben lassen

Miriam Fuchs

www.tredition.de

© 2020 Miriam Fuchs, Osterwieck (Goslar, Wildemann)

Umschlag, Illustration:

Feng Shui Agentur GmbH, Bad Harzburg

Anna Straberger (Schriftzug, Kapiteltrenner)

Weltkugel: © ngupakarti stock.adobe.com #280433931

Lektorat: Dr. Rainer Schöttle

Foto S. 171, Rückseite: Stefan Sobotta

Verlag & Druck:

tredition GmbH, Halenreie 40-44, 22359 Hamburg

ISBN

Paperback   978-3-347-01155-7

Hardcover   978-3-347-01156-4

e-Book   978-3-347-01157-1

Inhalt

Vorwort – von Herzen

»Kleines Herz ganz groß« beschreibt meinen Weg zu einem bewussten, lebensbejahenden, für andere offenen und wohlwollenden Leben mit einem einfühlsamen Herzen. Schon immer hat mich Liebe begleitet, trat ich meinen Mitmenschen und den Lebewesen dieser Welt eher aufgeschlossen und wohlwollend gegenüber. Meinen Optimismus und meine lebensbejahende Einstellung sehe ich auch als wichtiges Erbe meiner Eltern an.

Doch wie es so ist, wir alle werden älter, die Anforderungen steigen, wir lernen. Wachsendes Wissen hat allerdings leider wenig damit zu tun, wie sich unsere sozialen Fähigkeiten entwickeln. Empathie, Mitgefühl, Wertschätzung und Dankbarkeit stehen auf keinem Lehrplan. Im Gegenteil. Wer zu nett ist, wird oft eher ausgenutzt oder ausgelacht. Gutmütigen Menschen wird in unserer Leistungsgesellschaft häufig wenig zugetraut. So war es auch bei mir. Oft bekam ich die indirekte Empfehlung, mein Herz zu verschließen. Weniger zu geben, wenn dafür keine Gegenleistung zu erwarten war. Wenn ich mal wieder in Stress kam, weil ich mich für andere einsetzte, wurde ich öfters gefragt, wieso ich das denn tue. »Andere machen das doch auch nicht« oder »Lass das die anderen machen« waren die üblichen Reaktionen.

Es ist leicht, so zu denken, doch ich bin anders. Das wurde mir in den vergangenen Jahren noch mal deutlich bewusst. Ich habe mein offenes Herz wiedergefunden. Ich weiß, dass ich verletzbar bin, dass ich getäuscht werden kann und dass Veränderungen oder auch ein Sprung ins kalte Wasser durchaus schmerzlich sein können. Ich bin heute davon überzeugt, dass ich keinen anderen Weg als den der Liebe und der Offenherzigkeit wählen möchte. Mein kleines Herz darf ganz groß sein für mich, für andere, für unsere Welt. Liebe darf verschenkt werden, sie wird dadurch nur mehr. Mit jedem liebevollen, wertschätzenden Akt verbessern wir den Tag unseres Gegenübers. Diese kleinen Impulse ziehen große Kreise, wie Steine, die ins Wasser geworfen werden. Nur wenn wir leben, ohne uns zu verschließen, wenn wir uns öffnen und unsere Herzen sprechen lassen, dann werden wir uns positiv entwickeln. Anfangs im kleinen Rahmen, vielleicht als harmonisches Miteinander in der Familie. Je mehr Menschen so leben, umso mehr steigt die Chance auf weniger Leid, Missgunst und Krieg in dieser Welt. Davon bin ich überzeugt.

Dabei ist mir bewusst, dass es auch schlechte Phasen in jedem Leben gibt. Schattenseiten, Verletzungen und negative Erfahrungen sind notwendig, damit wir die positiven Momente zu schätzen wissen. Nur wer die Dunkelheit kennt, versteht die Bedeutung des Lichts. Daher brauchst du keine Sorge zu haben, dass ich in diesem Buch Dinge schönrede oder nur im rosa Wolkenmeer verweile. Ich berichte ehrlich auch von Situationen, in denen ich mich fehlverhalten oder schlecht gefühlt habe. So, wie es im Leben eben gerade passiert.

In diesem Buch beschreibe ich meine Sicht auf die Liebe, auf ein wertschätzendes und urteilsfreies Miteinander. Ich möchte meiner Vision eines Lebens für die Menschlichkeit mit all ihren positiven und negativen Facetten Ausdruck verleihen. Und vor allem möchte ich meine Einstellung, meine Intention und meine Motivation so zu leben für mich festhalten. Damit ich diesen Weg beibehalte und offenherzig und lebensbejahend lebe, weil mich nur das zufrieden macht. Ich schreibe dieses Buch also für mich. Und für dich. Lass dich ein, hab Freude, schau, was du davon mitnehmen kannst.

PS: Ich duze dich in diesem Buch, weil es mir eine bessere Verbindung zu dir ermöglicht. Und weil ich es sehe wie Rainer Guse (Leaders Academy by Gedankentanken), der sagte: »Fremde sind Freunde, die wir nur noch nicht kennen.«

Diese Karikatur von mir ist 2004 bei der 100-Jahr-Feier des Harzer Tourismusverbandes entstanden. Sie strahlt für mich Lebensfreude und Leichtigkeit aus.

1 Über mich und dieses Buch

Auch wenn du auf den nächsten Seiten noch ganz viel zu mir und meiner Weltanschauung lesen wirst, möchte ich dir hier einen kurzen Einblick in mein Leben geben. Damit du ein Gefühl dafür bekommst, wer dir hier schreibt.

Ich bin 1974 geboren und mit zwei Brüdern (sieben Minuten und zwei Jahre älter) aufgewachsen. Wir hatten eine schöne Kindheit. Meine Eltern, zeitweise selbstständig mit einem eigenen Restaurant, haben sich immer Zeit für uns genommen. Sie haben ihr Bestes gegeben, um uns sorgenfrei großzuziehen. Auch wenn es mit drei Kindern durchaus turbulent werden konnte und es ab und an mal krachte, standen sie immer zu uns. Sie haben uns eine wunderbare Basis dafür geschaffen, in Selbstliebe und Selbstvertrauen aufzuwachsen. Dafür bin ich ihnen heute unendlich dankbar.

Mein Leben verlief recht abwechslungsreich, wenn auch aus meiner Sicht durchaus gelungen. Privat gab es immer mal wieder Veränderungen in den

Partnerschaften, eine kurze Ehe und eine lange Beziehung von fast elf Jahren. Beruflich war ich siebzehn Jahre lang beim Harzer Tourismusverband tätig, ehe ich mich in die Selbstständigkeit begab.

Detaillierter beschreibe ich mein Leben und die Menschen, die mich begleitet und geprägt haben, in meinem ersten Buch »JA! Leben DARF leicht sein!«. Ich möchte mich ungern wiederholen. Nur so viel: Ich würde mein Leben als ganz normal beschreiben. Es gab Veränderungen, doch auch wenn einige in dem Moment schmerzhaft oder angsteinflößend waren, so waren es für mich rückblickend keine großen Krisen. Ich sehe mich also als ganz »normalen« Menschen. Daher bin ich überzeugt, dass jedem von uns Glück, Freude und ein leichtes Leben zustehen. Jede von uns kann sich ihr eigenes, ganz persönliches Paradies auf Erden schaffen – oder sich die eigene Hölle bereiten. Um sein Leben wohlwollend und lebensbejahend zu gestalten, bedarf es einiges an Energie und Willenskraft. Eigenartigerweise scheint leiden leichter zu fallen, als zu lernen und sein Schicksal selbst in die Hand zu nehmen. Vielleicht auch, weil wir dank unseres Sozialsystems im Falle eines Falles gut aufgefangen werden und uns häufig schon von Kindesbeinen an Entscheidungen abgenommen werden.

Obwohl ich mich als »normalen« Menschen empfinde, begegne ich vielen, die ganz anders ticken als ich. Die schon ewig auf der Suche nach dem Glück sind oder sich in einem schwierigen Abschnitt ihres Lebens befinden. Menschen, die in ihrer Vergangenheit gefangen sind und damit ihre Zukunft blockieren. Die ihre bisher gemachten Erfahrungen auf jede neue Situation übertragen und dadurch immer wieder die gleichen Erlebnisse heraufbeschwören. Einige sehen sich als Opfer des Lebens und scheinen sich teilweise sehr wohl zu fühlen in ihrer Rolle als bemitleidenswerte Geschöpfe. Andere würden gern etwas ändern, ihnen fehlt jedoch das Vertrauen, dass sie es wirklich selbst in der Hand haben. Es gibt sehr viele verschiedene Lebenswege und jede wird ihren eigenen finden. Mir persönlich ist mein Leben allerdings zu schade, um es überwiegend mürrisch und demotiviert zu leben. Ich wünsche mir Lebendigkeit, Freude und spannende Erlebnisse. Davon hält das Leben tagtäglich genügend bereit, sofern wir die Augen dafür geöffnet halten.

Die Idee hinter meinen Büchern ist es, dir auf lockere, unterhaltsame und gut verständliche Weise (m)einen Weg in ein Leben mit mehr Lebendigkeit, Lebensfreude und Liebe zu zeigen. Ich teile meine persönlichen Erfahrungen mit dir und lasse dich an meinen teils kreativen Gedankengängen teilhaben. Dabei sehe ich mich als gute Freundin statt Coach oder Berater. Entsprechend wirst du in meinen Büchern keinen Leitfaden zum Glück finden. Denn für jede gibt es ihren eigenen, rein persönlichen Weg. Ich hoffe, dass dich meine Gedanken inspirieren, motivieren und dir neue, andere Blickweisen auf das Leben bieten oder dich an bereits bekannte Möglichkeiten wieder erinnern.

Häufig werde ich gefragt, wie ich denn meinen/diesen Weg gefunden habe. Hm, er war irgendwie schon immer in mir. Ich weiß, dass diese Antwort selten befriedigend ist. Tatsächlich, wie bereits oben beschrieben, habe ich schon immer eher fröhlich, optimistisch und positiv gelebt. Ich hatte grundsätzlich schon immer eine super Basis für ein freudiges Leben. Wie ebenfalls schon im Vorwort erwähnt, hat der Alltag bei mir einiges verändert. Durch äußere Einflüsse, ein weniger enthusiastisches und empathisches Umfeld und die eine oder andere Ellenbogen-Auseinandersetzung war meine offene, lebensfreudige, lebendige Lebensweise etwas ausgebremst worden. Negativität überschattete meinen Frohsinn, für viele kaum bemerkbar. Zudem habe ich früher positiv gelebt und mein Wesen als selbstverständlich angesehen, ohne diese Lebensweise bewusst zu erfahren und sie als meinen Sinn des Lebens zu verstehen.

Nach veränderten Lebenswegen im Sommer 2017 hatte ich dann spannende Begegnungen und Gespräche. Begonnen hat es mit einem Seminar »Gesunder Umgang mit Stress«, von dem ich auch Buchempfehlungen mitnahm. Irgendwann in den folgenden Wochen packten mich die Zeilen in den verschiedenen Büchern, ich erkannte, dass Glücklichsein von meiner Einstellung abhängt, und ich wurde von jetzt auf gleich zurückkatapultiert in meinen lebensbejahenden, offenen Lebensmodus. Die Anfangsphase war wie ein Rauschzustand. Ich habe sehr viele Bücher gelesen, mich intensiv mit Gleichgesinnten (sofern ich sie finden konnte) ausgetauscht und meine Freundinnen an meiner neuen Begeisterung für mein Leben teilhaben lassen. Das führte häufiger zu verwundertem Kopfschütteln und Aussagen wie »Bist du jetzt spirituell?« oder »Oh je, verliebte Menschen«. Mittlerweile haben sie sich dran gewöhnt, dass ich in mich selbst verliebt bin und mein »Zustand« keineswegs besonders ist, sondern lediglich meine Art zu leben.

Um meinen Weg wiederzuentdecken, wurde ich von vielen Autoren inspiriert; im Anhang findest du eine Sammlung von Tipps zu Büchern und Hörbüchern. Geholfen haben mir meine Offenheit und eine unbändige Neugier auf das Leben. Nur so konnte ich mich vertrauensvoll auf diese Veränderungen einlassen. Ich habe es zugelassen, dass sich das Rad in eine bestimmte Richtung dreht. Wenn der Stein erst einmal ins Rollen kommt, dann gibt es kein Halten mehr. Dann kommen die passenden Personen ins Leben, »zu-fällige« Ereignisse geschehen und der Sinn des Lebens wird klarer.

Auf der Suche nach dem Sinn des Lebens durfte ich feststellen, dass dieser ganz leicht sein darf. Mein Sinn des Lebens in Kurzform ist »Freude leben und Freude geben«. Das kann ich immer umsetzen, jeden Tag in jeder Situation. Das macht mich glücklich und erfüllt mich. Wenn Entscheidungen anstehen, kann ich relativ leicht reinspüren, ob sie mir langfristig Freude bereiten. So richte ich mein Leben mehr und mehr nach diesem Fokus aus.

Übrigens hatten diese inneren Veränderungen keine allzu großen Auswirkungen auf mein äußeres Umfeld. Ich habe weiterhin mein Unternehmen Fuchs PR, erfreue mich nach wie vor an den Projekten mit meinen Kunden, mein Freundeskreis erweiterte sich, ohne dass ich großartig aussortiert hätte. Wenn du freudiger und offener leben möchtest, dann geht dies auch, ohne dass du dein Leben völlig umkrempelst. Anders, als viele Ratgeber es vermuten lassen, denke ich, dass sich in jeder bestehenden Lebenssituation positivere Energien und Ansichten einbringen lassen. Würde ich dein Leben mit meinen Zeilen komplett infrage stellen und von dir die totale Veränderung erwarten, so hättest du sicher ganz viele Ausflüchte, warum dies unmöglich wäre. Ich habe es bei einigen Freundinnen erlebt, die durch nur ganz wenigen Impulsen meinerseits an einigen kleinen Stellschrauben in ihrem Leben gedreht haben und dadurch zu mehr Freude gekommen sind. Sich einzulassen auf das Leben bedeutet auch, zu lernen. Das ist ein Prozess, der dauern kann und der diesen Weg zugleich so spannend und attraktiv macht. Wichtig ist, dass du Verantwortung übernimmst für dein Leben. Niemand sonst kann dir zu Freude und Leichtigkeit verhelfen. Lebensbejahend zu leben bedeutet, Selbstverantwortung zu übernehmen, gerade dann, wenn es mal anstrengend wird.

Ich wünsche dir sehr, dass auch du deinen Sinn des Lebens findest und dein Leben danach ausrichtest. Keine Sorge, er kann variieren und sich über die Zeit hinweg verändern. Das gehört zu unserer Entwicklung dazu. Manch klare Vision wird am Ende ganz anders aussehen als gedacht, doch sie wird dich erfüllen. Wenn du von einer Idee, einer Vision begeistert bist und angetrieben wirst, dann wird sich vieles in deinem Leben fast von allein entwickeln. Du wirst jeden einzelnen Tag bunter, lebendiger, reicher gestalten können und viel mehr aus deiner Zeit auf Erden herausholen, als du dachtest. Lass es zu, lass dich ein. Trau dich.

2   Besonderheiten des Buches

Wie schon in meinem ersten Buch habe ich mich auch in diesem Werk einigen Herausforderungen gestellt. Unsere Sprache ist wichtig und, wie im Leben auch, sind es oft die kleinen Feinheiten, die die Atmosphäre ausmachen und einer Botschaft mehr Kraft verleihen.

So verzichte ich in diesem Buch ganz bewusst soweit es irgendwie möglich ist auf die Wörter *müssen, sollen, aber, nicht* und *einfach*. *Müssen* und *sollen* bauen Druck auf und lassen vermuten, ich würde wissen, was für dich gut ist. Was für dich gut ist und welcher Weg dir mehr Zufriedenheit und Lebensfreude verschafft, entscheidest nur du. Nur weil bei mir etwas funktioniert oder mir etwas leicht von der Hand geht, ist es kein Allheilmittel. Im Gegenteil. Wir Menschen sind glücklicherweise sehr verschieden und so ist mein Weg eben nur ein Weg.

Aber relativiert häufig Dinge, macht sie klein oder hinterfragt Aussagen. Ich empfinde Gespräche mit »Ja, aber«-Menschen sehr anstrengend. Ganz gleich, welche Antwort ich auf eine Frage finde, meine Gesprächspartnerin hat immer ein Gegenargument. Da wundere ich mich dann, warum sie überhaupt fragt. Und auch ein »Ich liebe dich, aber...« hat für mich wenig mit bedingungsloser Liebe zu tun, wie ich sie teilen möchte.

Eine Formulierung mit *nicht* ist für mich häufig wenig konkret und eher schwach. Natürlich ist es schon mal ein guter Anfang zu wissen, was man *nicht* möchte. Doch kraftvoller ist ein konkretes Ziel. Statt zu sagen »Ich möchte nicht mehr betrogen werden« ist für mich »Ich möchte einen liebevollen, ehrlichen Partner an meiner Seite« die deutlichere Botschaft. »Nicht fallen lassen« oder »gut festhalten« – was klingt für dich erfolgversprechender?

Da ich weiß, dass viele Dinge, die ich als *einfach* empfinde, für andere Menschen alles andere als leicht sind, habe ich auch dieses Wort im Buch gestrichen. Das Leben darf zwar leicht sein, *einfach* hingegen ist es eher selten. Auch mir fallen manche Dinge schwer, über die andere nur lächeln. Ordnung halten beispielsweise. Ich möchte mit meinen Zeilen motivieren, und das wird sicherlich eher gelingen, wenn ich darauf verzichte, dir zu erzählen, wie *einfach* alles wäre.

Worauf ich in diesem Buch auch so gut es geht verzichte, sind Bewertungen. Richtig, falsch, gut oder schlecht – wer entscheidet, wie wir was zu empfinden haben? Ich denke, ganz viel von dem Unglück und Leid in unserer Gesellschaft rührt auch daher, dass wir es seit jeher gewohnt sind, Dinge und Menschen zu bewerten und zu vergleichen. Statt auf das eigene Glück zu schauen, ist es spannender, sich mit dem Nachbarn zu messen. Viele Medien, Filme und auch die Werbung unterstützen das Denken in Statussymbolen und materiellen Dingen. Vergleiche, Bewertungen und Beurteilungen sind nur selten gewaltfrei und freundlich.

Den Hinweis zu diesem Thema hatte ich im Zuge meines ersten Buches von meiner Trainerin für Gewaltfreie Kommunikation erhalten. Ich finde ihn sehr wichtig und bemühe mich daher, ohne Bewertungen im Buch zurechtzukommen. Dadurch entsteht aus meiner Sicht auch eine andere Atmosphäre beim Lesen[1].

Eine letzte Besonderheit ist noch das Gender-Thema. Ich wechsle von Kapitel zu Kapitel zwischen der männlichen und weiblichen Ansprache. Hintergrund dazu ist eine Anregung meiner Hundetrainerin Dagmar Spillner. Sie hatte vor einigen Jahren die Berichterstattung zu einer Rettungsaktion verfolgt, als eine Jugendfußballmannschaft in Thailand in einer Höhle eingeschlossen war. Die Sprache mit »Helden«, »Rettern« und »Tauchern« machte glauben, dass nur Männer in der Rettungsmannschaft seien. Doch die Bilder zeigten auch Frauen, die ihr

---

[1] Marshall B. Rosenberg entwickelte die Gewaltfreie Kommunikation bereits in den 1960er-Jahren. Sie soll Menschen dazu verhelfen, vertrauensvoller, offener und wertschätzender miteinander umzugehen. Sie basiert auf den Bedürfnissen eines jeden Einzelnen, auf Gefühlen, die entstehen, und Handlungen, die daraus resultieren. Sie wurde und wird oft in Konflikten und Krisen angewendet, ist aus meiner Sicht allerdings auch eine wunderbare Methode, um die zwischenmenschliche Kommunikation zu verbessern, Missverständnisse zu vermeiden und das Leben liebevoller zu gestalten. Sie wird auch als »Sprache des Herzens« bezeichnet, was es sehr genau trifft.

Leben zur Rettung der jungen Menschen aufs Spiel setzten. Unsere Sprache führt oft dazu, dass das Männliche im Fokus steht, und Dagmar fragte sich, wie sie das ihrer Tochter erklären könnte. Auch wenn ich schon immer ein Leben in Gleichberechtigung lebe, so hat mich die Geschichte berührt und ich habe entschieden, in meinen Kapiteln zwischen der männlichen und weiblichen Ansprache zu wechseln. Im ersten Buch führte diese Besonderheit noch zu »grammatikalischen Stolpersteinen« – du darfst sie auch Fehler nennen –, die ich in diesem Buch versuche zu umgehen.

Nun wünsche ich dir viel Freude beim Lesen. Mögest du inspirierende Gedanken für deinen Lebensweg finden.

3   Ist Liebe eine Illusion?

Was für eine Frage! Ist Liebe eine Illusion? Obwohl die Wissenschaft mittlerweile starke zwischenmenschliche Emotionen durch Hirnströme nachweisen kann, ist Liebe für viele von uns nach wie vor ein Mysterium. Sie ist unsichtbar, kaum greifbar oder allgemeingültig zu beschreiben. Generell ist Liebe eher ein un-be-greifbares Gefühl. Erinnere dich an deine erste Verliebtheit. Was war das für ein eigenartiges Gefühl? Innere Unruhe, Herzrasen, Kribbeln im Bauch, doch irgendwie immer undefinierbar. Und wie viele Menschen gibt es, die bereits enttäuscht wurden und für die Liebe keinen Wert mehr hat? Wie viele warten vielleicht vergebens auf die Liebe ihres Lebens? Und wie häufig wird Liebe nur auf die partnerschaftliche Ebene bezogen? Ja, aus einigen Blickwinkeln heraus könnte es sein, dass Liebe eine Illusion ist.

Dann gibt es wiederum die emotionale Seite. Die Gefühle, die uns ganz deutlich zeigen, dass es da noch mehr gibt zwischen uns fühlenden Wesen. Die Schmetterlinge im Bauch, das Vibrieren in der Brust.

Gedanken, die uns ein Lächeln ins Gesicht zaubern. Wärme, die in uns aufsteigt. Berührungen, die uns Vertrauen und Sicherheit schenken. Liebe zwischen zwei Menschen, die sich auf Augenhöhe begegnen, ist etwas Besonderes. Auch bei dem Anblick von Kindern oder Tieren spüren die meisten von uns eine tiefe Liebe, eine Güte, ein wohlwollendes Gefühl. Lebewesen, andere Menschen oder bestimmte Dinge können in uns viele positive Emotionen und Gedanken wecken.

Überall auf der Welt sind Menschen häufig bereit, aus Liebe zu handeln. Ob im Kleinen als Nachbarschaftshilfe oder über große Hilfsorganisationen. Sich gegenseitig zu stützen, zu stärken und beizustehen ist aus meiner Sicht ein Akt der Liebe.

Was wäre, wenn Liebe doch eine Illusion wäre? Für mich unvorstellbar. Die Welt wäre kalt. Neid, Missgunst, Gier und Rachsucht würden sich noch stärker verbreiten. Menschen würden sich immer mehr bekämpfen. Wir würden im Misstrauen leben und es wäre sicherlich schwierig, Beziehungen untereinander aufzubauen. Lächeln und Freude würden nach und nach vergehen und damit sicherlich auch der Mensch. Denn ich bin überzeugt, dass wir Menschen Freude, Lachen und Liebe genauso zum Leben brauchen wie die Luft zum Atmen. Liebe eine Illusion? Für mich ein Horrorszenario.

Ich bin mir sicher, dass wir Menschen anders »ticken«. Dass selbst der traurigste, härteste Mensch auf Erden sich nach Liebe, Nähe und Wertschätzung sehnt. Auch wenn wir bereits in der Kindheit und Jugend den Wettbewerb lernen, uns mit Vergleichen und Beurteilungen auseinandersetzen, ist es doch eher die Liebe, die uns zu Höchstleistungen motiviert.

In der heutigen Zeit sind immer mehr Menschen auf der Suche nach dem Sinn des Lebens. Du vielleicht auch, denn du liest ja diese Zeilen. Vieles Materialistische und Oberflächliche verliert an Bedeutung, denn wir leben im Überfluss. Die Geschwindigkeit des Lebens und die Fülle machen es uns allerdings oftmals schwer, die für einen persönlich wichtigen wahren Werte zu erkennen. Häufig benötigt es tiefe Einschnitte im Leben, beispielsweise eine schwere Krankheit oder einen traurigen Verlust, um ein Umdenken anzuschieben. Kleine und große Krisen öffnen Augen und machen bewusst, in welcher Fülle und in welchem Reichtum wir leben. Dann wird genauer geschaut, was im Leben für jeden ganz individuell wirklich wichtig ist. Die Reise auf der Suche nach dem eigenen Ich beginnt. Es wird hinter Fassaden geschaut, Mauern werden eingerissen und Glaubenssätze umgekrempelt.

Wer in Frieden und Wohlstand lebt, ist privilegiert und kann sich über solche Dinge Gedanken machen. Es gibt keinen Überlebenskampf, und so rückt die Suche nach dem Sinn des Lebens stärker in den Fokus. Persönlichkeitsentwicklung boomt. Doch selbst dann wird die Liebe noch häufig infrage gestellt oder an Bedingungen geknüpft.

Wem das Wort »Liebe« an dieser Stelle zu romantisch, theatralisch oder dramatisch vorkommt, der kann als Synonyme auch Menschlichkeit, Verbundenheit oder Zusammengehörigkeit verwenden. All das macht uns Menschen aus. Leider leben wir diese Tugenden zu wenig. Auch Menschlichkeit ist für mich keine Illusion. Ich bin überzeugt, wir sind für das Geben und Teilen gemacht. Denn erstaunlicherweise trägt dies sehr häufig zur Zufriedenheit der

Menschen bei. Ob Liebe oder Menschlichkeit, für mich ist eine wohlwollende, liebevolle Lebensweise wichtig.

Sich an den Wundern der Natur zu erfreuen ist jederzeit und überall möglich.

Zurück zur Ausgangsfrage dieses Kapitels. Ist Liebe eine Illusion? Ich verstehe unter »Illusion«, etwas zu beschönigen, schönzureden und die Wirklichkeit gegen ein positiveres Wunschdenken zu tauschen. Sich vielleicht selbst zu belügen und realitätsfern zu leben. Illusion steht für etwas Weltfremdes. Tatsächlich halten Kritiker den positiv denkenden, lebensbejahenden Menschen häufig vor, sie würden die Welt durch eine rosarote Brille sehen und in ihrer Traumwelt leben. Mag sein. Was letztendlich wirklich eine Illusion ist, lässt sich kaum allgemeingültig festhalten. Denn, wie in vielen anderen Bereichen auch, wer definiert hier die Wahrheit? Jeder hat seine eigene Wahrnehmung und betrachtet Ereignisse durch seinen persönlichen Fokus. Da kann ein und dieselbe Situation schon sehr unterschiedlich ausgelegt werden. Es ist keine Bewertung von richtig und falsch möglich oder sinnvoll. Die »Wahrheit« beruht aus meiner Sicht meistens auf subjektivem Empfinden und ist nur eher selten allgemeingültig. Ein Beispiel: Es regnet. Das ist ein Fakt. Während der eine sich über Wasser für die Pflanzen freut, findet die andere das Wetter mies. Wer hat nun recht?

Da wir kaum einschätzen können, welche Wahrheit zutrifft, was Illusion und was Wirklichkeit ist, bin ich dafür, wir wählen den Weg, der uns Freude bereitet. Wo Freude herrscht, ist das Glück ganz nah. Wo Freude herrscht, haben negative Kräfte nur wenig Einfluss. Daher steht für mich fest, Liebe ist keine Illusion. Ich habe mich dafür entschieden, mein Leben voller Freude und Liebe zu gestalten. Mein Leben darf eine schöne Zeit sein und ich möchte von meiner Freude ganz viel abgeben. Jeder Tag, den wir fröhlich und freundlich begehen, tut uns gut. Die Freude lässt sich übertragen. Jeder Mensch, dem wir freudig begegnen, wird sich wenigstens für einen kurzen Moment wahrgenommen und geschätzt fühlen. Es wird ihn positiv stimmen, und diese Welle trägt sich nach und nach weiter. So lässt sich Liebe verbreiten, wie es viele Menschen schon seit Jahrhunderten und Jahrtausenden tun.

Und wenn Liebe doch eine Illusion ist und die Blase irgendwann platzt? Dann habe ich bis dahin ein wunderbares Leben voller Freude gelebt. Ich habe meine Zeit genutzt und das für mich schönste Leben gestaltet. Menschen, die mir begegneten, konnte ich ein Lächeln entlocken und ihnen den Tag etwas verschönern. Würde die Blase platzen, so habe ich viele wunderbare, wärmende, schöne Erinnerungen, sodass mir selbst die kalte Welt meine Liebe niemals nehmen kann.

4 Wie ich liebe

Hui, da habe ich mir ein interessantes Kapitel vorgenommen. Wie liebe ich? Ich könnte auch schreiben »Wie lebe ich?«, denn beides bedingt sich gegenseitig. Bitte verzeih mir in diesem Kapitel ein paar Gedankensprünge oder Abschweifungen. Dieses Thema ist zu komplex, als dass ich es gezielt auf den Punkt bringen könnte. Wie ich liebe und lebe, ist so facettenreich, das lässt sich besser mit dem Herz spüren als mit dem Verstand verstehen. Manch eine sagt, ich sei verrückt. Viele Menschen, denen ich begegne, schütteln mit der Zeit liebevoll den Kopf. Denn meine Energie, meine Fröhlichkeit, mein beinahe unbegrenzter Optimismus und meine Lebendigkeit sind durchaus eine Herausforderung für meine Mitmenschen. Manchmal fühlt es sich für mich selbst an, als sei ich auf Drogen. Ich hoffe, du kennst das Gefühl der überschäumenden Freude auch. Vermutlich jede von uns hat solche Momente in ihrem Leben schon erlebt. Wenn innerlich alles bebt, wenn ruhig stehen unmöglich ist, wenn das Grinsen unendlich ist. Vielleicht erinnerst du dich, wie du dich als Kind über ein lang ersehntes Geschenk gefreut hast. Oder wie es war, als dein Liebster dir einen Heiratsantrag gemacht hat. Diese unvergesslichen Glücksmomente sind es, die unser Leben so lebenswert machen und die ich aktiver in meinem Leben wahrnehmen und einbringen möchte.

> *Die Summe unseres Lebens sind die Stunden in denen wir liebten.«*
> (Wilhelm Busch, 1832–1908, dt. Schriftsteller, Maler u. Zeichner)

Ich habe das wunderbare Glück, dass ich diese Momente ständig erleben darf. Vielleicht auch, weil ich mich bereits über Kleinigkeiten wie eine Schneekönigin freuen kann. Eine schöne Blume am Wegesrand, ein faszinierender Sonnenuntergang oder ein schillernder Regenbogen – Wunder der Natur, die mir ein Lächeln ins Gesicht zaubern und ein Kribbeln im Bauch verursachen. Manchmal wundere ich mich selbst – und bin dann dankbar, dass ich so »ticke«.

Denn dadurch sehe ich tagtäglich die Schönheit des Moments, die Besonderheit des Lebens, und bin in einem freudigen, fröhlichen Modus. So passiert es mir öfter, dass ich mich hüpfend fortbewege und dabei die Melodie von Pippi Langstrumpf im Ohr habe »... ich mach mir die Welt ...«. Probiere es mal aus. Es bringt so viel Freude in den Moment. Warum wird von uns Erwachsenen erwartet, auf kindliches Verhalten zu verzichten, wenn es doch Freude bereitet?

Dabei bin ich dennoch realistisch genug, das Leben ernst zu nehmen. Um Ziele zu erreichen und sich einen Lebensstandard aufzubauen, gehören Fleiß und Disziplin durchaus dazu. Lernen und weiterbilden, arbeiten und sich vernetzen ist notwendig. Selbst wenn es immer mal Aufgaben gibt, die weniger Freude bereiten. Entscheidend für meine Lebensqualität ist für mich, wie ich mit den Dingen umgehe. Wenn ich meine Arbeit liebe, dann akzeptiere ich auch die langweiligeren Tätigkeiten und gehe diese mit so viel Freude an wie möglich. Ähnlich ist es mit unangenehmen Gesprächen oder Gesprächspartnerinnen. Es wird immer Menschen geben, die auf einer etwas anderen Wellenlänge liegen und die wir dennoch für uns begeistern wollen. Dann gilt es, sich in die andere Person einzufühlen und zu schauen, wie sich ein gemeinsamer Nenner finden lässt. Auch hier ist ein liebevoller Umgang ratsam. Es wäre wenig erfolgversprechend, wenn das Gespräch schon in Abwehrhaltung beginnt.

Ich schweife ab. Dieses Kapitel geht schließlich darum, wie ich liebe. Ganz wichtig sind für mich das tiefe, intensive Fühlen und auch das Einfühlen in andere Menschen.

Schauen wir erst einmal genauer auf das Fühlen. Jeden Tag, wenn ich mich in meine zehn Minuten Meditation begebe, kann ich wunderbar fühlen und spüren. Ich visualisiere bestimmte Ziele und Meilensteine in meinem Leben. Dann fühle ich hinein, als wären diese Ereignisse schon da. Freude, Dankbarkeit, Liebe und Ehrfurcht erfüllen mich. Ich spüre die positive, vertrauensvolle Energie in mir. Danach ist mein Akku wieder aufgeladen.

Das Interessante am Fühlen ist, dass unser Verstand keinen Unterschied macht, ob die Situation tatsächlich real ist oder ob wir sie uns erdenken. Dadurch können wir uns helfen, uns in eine bestimmte Stimmung zu versetzen. Beispielsweise wenn es einen besonders schönen Moment gab, in dem du das pure Glück gespürt hast, im Urlaub, mit den Tieren, mit Freunden, dann speichere dir dieses Gefühl ab. An schlechten Tagen kannst du diese Erinnerungen rauskramen, darin einen Moment »baden«, und du wirst sehen, du fühlst dich besser. Ja, ich weiß, die negative Situation bleibt unverändert. Du kannst es schaffen, deinen Fokus neu zu setzen und Blockaden zu lösen. Mit positiverer Energie zeigen sich schneller Lösungswege für das vermeintliche Problem.

Ich fühle recht intensiv, auch wenn ich keine hochsensible Person[2] bin. Für Letzteres bin ich sehr dankbar. Meine eigene Energie reicht schon aus, um mich ab und an etwas verrückt zu machen. Da wäre es mehr als herausfordernd, noch Energien anderer aufzunehmen und zu spüren. Doch fühlen kann ich intensiv. Das führt häufiger mal dazu, dass mir die Tränen kullern, wo andere längst noch Haltung be-

---

[2] Hochsensible Menschen haben eine höhere sensorische Verarbeitungssensitivität. Sie reagieren stärker auf unterschwellige Reize und nehmen fremde Energiefelder wahr. Für viele ist es schwierig, sich abzugrenzen und genau zu spüren, welches die eigenen Energien und welches Fremdenergien sind. (Quelle: Wikipedia)

wahren. Freude und Mitgefühl sind wunderbare Eigenschaften, die mein Leben sehr lebendig und erlebnisreich gestalten. Sie sind wichtige Bestandteile, die beschreiben, wie ich liebe und lebe. Ich kann ebenso abenteuerlustig, energiegeladen und aufgedreht sein wie auch still, entmutigt, traurig oder verunsichert. Bei mir überwiegen glücklicherweise die positiven Gefühle. Daher sind manche Menschen durchaus überrascht, wenn auch ich mal einen Tiefpunkt habe. Doch das gehört dazu. Bei mir spüre ich beispielsweise deutlich den Einfluss von Hormonen und Vollmond auf meine Stimmung. Jederzeit himmelhochjauchzend wäre eine Lüge. Es ist auch okay, mal schlecht drauf zu sein. Müdigkeit beeinflusst beispielsweise meine Stimmung und bremst meine Energie. Schlaf kommt bei meinem Hang zur Lebendigkeit nach wie vor oft zu kurz, obwohl ich es besser weiß. Dafür genieße ich jeden Moment recht intensiv, was für die eine oder andere negative Erfahrung entschädigt. Wobei Letztere wirklich selten sind in meinem Leben.

Um in Liebe zu leben, ist es mir wichtig, mein Herz offen zu halten. Ja, mit einem offenen Herzen bin ich verletzbar (siehe Kapitel »Operation am offenen Herzen«), keine Frage. Ich finde, es ist es wert. Was verstehe ich unter »mit offenem Herzen leben«? Eine lebensbejahende, positive Einstellung zum Leben und zu all den Dingen, die uns passieren. Momente anzunehmen, wie sie sind, ohne gegen sie anzukämpfen, erleichtert vieles. Auch wenn es alles andere als leichtfällt. Zu einem offenherzigen Leben gehört für mich besonders die Offenheit anderen Menschen gegenüber. Ich finde verschiedene Persönlichkeiten spannend, sie inspirieren mich und jede hat ihre persönlichen Geschichten zu erzählen. Wenn ich ihnen vorurteilsfrei, wertfrei und offen begegne, dann schaffe ich Vertrauen und Verbindung. Es lässt sich auf einer wertschätzenden Ebene auf Augenhöhe miteinander kommunizieren. Dabei sind Alter, Geschlecht, Herkunft, Vorlieben, Bildungsstand oder Beruf völlig unbedeutend. Bedeutend ist nur der Mensch. Auf einer gewissen Ebene sind wir alle eins. Was jeder von uns guttut, ist, gesehen und gehört zu werden. Genau so, wie sie ist. Ohne die eigenen Erfahrungen auf sie zu projizieren, ohne anhand von Äußerlichkeiten auf das Innere zu schließen, ohne sich zu vergleichen und sich schlauer, besser, schöner oder größer zu fühlen. Mir ist bewusst, dass dieses (vor-)urteilsfreie Miteinander ein langer Lernprozess ist. Denn viel zu früh werden wir schon in der Kindheit darauf geprägt, zu bewerten und uns zu vergleichen. Teilweise ja sogar unter Geschwistern. Unbewusst wird unser ganzes Leben zu einem Wettbewerb. Einige schaffen es, im Rampenlicht zu stehen und augenscheinlich erfolgreich zu sein. Meistens sind es eher die stillen, zurückhaltenden Personen, die ihr Leben mit mehr Liebe und Menschlichkeit füllen als die Platzhirsche der ersten Reihe. Es liegt in der Natur der Sache. Eine Person, die sich selbst liebt und auf einen Wettbewerb mit anderen verzichtet, die strebt nur selten nach vorn. Es ist für sie unbedeutend, ob die große Masse sie liebt. Für sie zählt, in ihrem persönlichen Umfeld etwas zu bewirken und zu einem angenehmen Leben beizutragen. Aus meiner Sicht wären diese Menschen prädestiniert, führende Rollen zu übernehmen und so wirkliche Veränderungen in der Welt voranzubringen.

Ich bin froh und dankbar, dass ich für mich entdeckt habe, wie wichtig mir die Liebe und das offene

Herz sind. Diese Einstellung war zwar schon immer in gewisser Weise vorhanden, doch durch meine aktuelle Entwicklung kann ich sie viel bewusster und intensiver leben. Sehr hilfreich dafür war meine Fortbildung in der Gewaltfreien Kommunikation (GFK). Dort geht es darum, die Bedürfnisse einer Person hinter ihrer Handlung zu sehen. Es gilt, die Person selbst wahrzunehmen und ihre Taten außer Acht zu lassen. Eine meiner GFK-Trainerinnen arbeitet beispielsweise mit Gefängnisinsassen. Da ist es eine wahre Herausforderung, ihre Handlungen weniger zu beachten. Begegnet man auch solchen Menschen mit einem offenen Herzen und schaut, welche Bedürfnisse hinter Gräueltaten stecken, entsteht eine Verbindung und es lässt sich miteinander vertrauensvoll kommunizieren. Marshall B. Rosenberg hat die GFK entwickelt, um in Krisensituationen zu vermitteln, und konnte damit sogar Kriege verhindern. Sie wird auch »Die Sprache des Herzens« genannt und ist als solche zu verstehen. Ich habe erlebt, wie wirkungsvoll sie ist und was diese Art der Kommunikation und diese Lebenseinstellung bei Menschen bewirken kann. Diese Einstellung bestärkt mein

Wunsch und Ziel, offenherzig zu leben. Natürlich gibt es selbst bei mir Momente und Gedanken, die wertend oder urteilend sind. Ich bin schließlich auch so aufgewachsen und nach wie vor haben die verschiedenen Strömungen Einfluss auf Gedanken und Gespräche. Manchmal kommen Worte bei meiner Gesprächspartnerin anders an, als sie gemeint waren. Solche Situationen gehören dazu (siehe auch Kapitel »Wenn es mal dumm läuft«). Mir wird immer schneller bewusst, dass ich in eine ungewünschte Richtung abschweife, sodass ich mich korrigieren kann. In vielen Gesprächen, wenn über andere geurteilt wird, beschreibe ich gern verschiedene Facetten, wie die Situation vielleicht auch gewesen sein könnte. Ich versuche, mich in die andere Person hineinzuversetzen und zu schauen, welche Erfahrungen oder Erlebnisse vielleicht hinter ihren aktuellen Handlungen und Aussagen stehen. Für mich ist das sehr lebendig und reizvoll, immer auch die andere Seite der Medaille im Blick zu haben. Vielleicht überträgt sich das auf meine Gesprächspartnerinnen und sie bekommen ein Gefühl dafür, dass es durchaus Alternativen zu ihren Ansichten gibt.

»Wie ich liebe« ist der Titel dieses Kapitels. Du spürst schon, das lässt sich kaum in wenige Worte fassen. Etwas, was mich ausmacht, ist das Positiv-Verrückte in meinem Leben. Ich liebe es, zu lachen, zu tanzen, zu hüpfen oder zu schaukeln. Ich liebe es, Dinge auszuprobieren, anders zu machen. Für mich ist es besonders wertvoll, die kindliche Neugier in mir aufrechtzuerhalten. Wieso, weshalb, warum? Es gibt so viele Dinge, die auch ich noch entdecken kann. Es gibt so viele unterschiedliche Sichtweisen und Gedankengänge zu den verschiedensten Themen. Etwas positiv-verrückt denken, immer wieder nachfragen, hinter die Kulissen schauen und nur wenig von Beginn an für bare Münze nehmen erweitert den Horizont. Ich liebe diese Offenheit.

Ich liebe so, wie ich lebe: offenherzig, fröhlich, lebensbejahend, vertrauensvoll, bedingungslos.

5   Lieben und loslassen

Wenn wir von ganzem Herzen lieben, ist das Loslassen wohl die schwierigste Disziplin. Sicher kennst du auch die Situation des Trennungsschmerzes, wenn es uns das Herz zerreißt. Wenn es sich so anfühlt, als wäre das Leben zu Ende, als würde es ohne das geliebte Wesen keine Zukunft geben. Entsprechend ist es für mich sehr schwer, in diesem Kapitel die passenden Worte zu finden. Verzeih, falls es Aussagen gibt, die dich wütend machen oder gar verletzen. Das ist von mir ungewollt. Im Gegenteil. Ich möchte hier wohlwollend aufzeigen, wie mein Weg des Liebens und Loslassens aussieht. Ich hatte bisher glücklicherweise gefühlt wenige Verluste zu verarbeiten. Ich bin dankbar, dass meine Eltern mit fast achtzig Jahren noch wohlauf sind, dass meine Brüder gesund sind und es meinen Freunden gut geht. Auch ich habe schon Abschied genommen von meinen geliebten Omas, Tanten und Onkel oder von tierischen Seelenfreunden, die mich eine Zeit lang begleitet haben. Tod ist ein Fakt, der uns zum Loslassen zwingt. Die Endgültigkeit kann da manchmal vielleicht sogar eine Hilfestellung sein.

Anders ist es, wenn Menschen getrennte Wege gehen. Die Trennung von der ersten großen Liebe, die trotz Lügen und Betrügen doch so schwerfiel. Gerade in Beziehungen war es für mich immer ein langer Prozess des Abwägens, des Prüfens. Ich wollte nie zu früh aufgeben, sondern alles versuchen, um dem Mann an meiner Seite, um uns eine Chance zu geben. Wenn jedoch die Versuche keinen Erfolg zeigten, dann habe ich recht schnell und konsequent einen Schlussstrich gezogen. Okay, schnell ist relativ. Die Findungsphase dauerte schon mal mehrere Jahre.

Überall und immer im Leben begegnet uns parallel zur Liebe auch das Loslassen. Das fängt bei banalen Dingen an, wie die Erinnerungsstücke, die die Regale überquellen lassen. Und endet, wie schon beschrieben, bei einem geliebten Wesen, das uns für immer verlässt. Der letzte Schritt des Loslassens in unserem Leben wird unser letzter Atemzug sein, wenn wir hoffentlich erfüllt und glücklich unser eigenes Leben loslassen.

In den obigen Zeilen ist schon zu erkennen: Dinge sind vergänglich. Alles auf Erden unterliegt einem gewissen Lebenszyklus. Im Vergleich zu dem einer Eintagsfliege ist das menschliche Leben schier endlos. Schauen wir uns hingegen eine ehrwürdige Eiche an, die bis zu tausend Jahre alt werden kann, ist unser Dasein doch eher kurz. Alles im Leben ist vergänglich und alles im Leben bleibt. Ein wunderbares Paradoxon. Letztendlich besteht alles, was wir sehen, fühlen, riechen, und auch wir selbst, aus Atomen. Aus winzig kleinen Teilchen, die letztlich aus Energie bestehen. Naturwissenschaftler mögen mir an dieser Stelle mein Halbwissen und meine vereinfachte Erklärung verzeihen. Ich möchte nur bewusst machen, dass unsere Erscheinung zwar vergänglich ist, jedoch Teilchen von uns weiter »existieren«. Es ist unmöglich, sich in nichts aufzulösen, denn die Atome bleiben. Nur eben in einer anderen Form. Diese Einsicht ist alles andere als neu. Im Physikunterricht in der Schule wurde es uns gelehrt und viele Autoren beschreiben dieses Phänomen in ihren Büchern. Mir hat diese plakative Darstellung geholfen, dass ich Vergänglichkeit anders wahrnehmen kann. Das Wissen, dass etwas von uns, von unseren geliebten Menschen oder Tieren immer bleibt, macht die Vergänglichkeit für mich weniger endgültig. Das Schönste ist, dass diese Gedankengänge unabhängig sind von spirituellen oder religiösen Neigungen. Sie sind letztendlich wissenschaftlich begründet, was auch Realisten ein gutes Gefühl geben kann.

Die Vergänglichkeit und der Lebenszyklus sind da und wir kennen sie. Auch wenn wir es manchmal gern anders hätten, so bleiben sie doch unumstößliche Tatsachen. Die Herausforderung ist, sie zu akzeptieren, anstatt gegen sie anzukämpfen. So schwer es uns auch fällt, so sehr es schmerzen mag, jedes Wesen hat seine Zeit und verlässt eines Tages seine Form, seine Hülle. Je stärker wir dagegen ankämpfen, umso stärker wird unser Schmerz. Die Trauerphase wird endlos und kann zu einem traurigen, betrübten Leben führen. Manchmal kommen mir diese Worte und mein Denken sehr kalt vor. Mir geht es letztendlich nur darum, dass wir kein Opfer unseres Leids werden. Trauer ist gut und wichtig. Erinnerungen sind wunderbar, um geliebten Wesen einen Platz in unserem Leben zu lassen. Wohl niemand, der uns je wirklich geliebt hat, würde erwarten, dass wir nach seinem Verlassen ein Leben ohne Freude leben. Daher ist mein Wunsch, dass du die Trauer annehmen kannst, dass du die Liebe tief spüren kannst, die Tatsachen akzeptierst und gleichzeitig loslassen kannst. Ein Prozess, der dich aus meiner Sicht reicher, bewusster und freudiger leben lässt.

Schon wieder sind wir eher beim Thema Tod. Diese Gedanken und Lebenseinstellung lassen sich auf alle Situationen übertragen. Beispielsweise Veränderungen in deinen Beziehungen und Freundschaften. In verschiedenen Büchern ist mir immer wieder der Gedanke begegnet, dass wir durchaus Menschen weiter lieben können, auch wenn sich unsere Wege trennen. Ich finde dieses Bild wunderbar. Es ist gut zu wissen, dass wir gemeinsam einen Teil unseres Lebens miteinander verbringen, und wenn es sich, aus welchen Gründen auch immer, verändert, ist es unnötig, diesen einst geliebten Menschen aus meinen Gedanken und aus meinem Herzen zu verbannen. Jeder von uns entwickelt sich stets weiter, manchmal geht es in unterschiedliche Richtungen. Wenn es dann so ist, dass eine Partnerschaft oder Freundschaft auseinandergeht, dann darf dennoch die Liebe bestehen bleiben. Selten war alles schlecht, was man gemeinsam erlebt hat. Es gab immer auch gute Zeiten, Gründe, warum man sich ineinander verliebt hat. Wieso willst du die vergangene Zeit als Fehler bereuen, wenn doch nur ein Teil des gemeinsamen Weges hässlich wurde? Mir bringt es echte Erleichterung, dass ich Menschen, die mich nicht mehr begleiten, dennoch im Herzen behalten darf, anstatt sie mit Groll und Wut zu verbannen.

Auch wenn etwas verloren geht – ganz gleich aus welchen Gründen oder was es ist – wir dürfen weiter lieben. Niemand kann uns vorgeben, dass all die guten Erinnerungen und Gefühle, die mit Person, Sache, Moment

Loslassen heißt nicht vergessen. Wir dürfen jeden und alles in unserem Herzen behalten und dennoch in Freude leben.

oder Tier verbunden sind, zu verbannen sind. Loslassen ist aus meiner Sicht kein Synonym für vergessen. Und Loslassen sagt auch wenig darüber aus, wie tief und ehrlich du geliebt hast. Es gibt keine Zeitvorgabe, wie schnell man loslassen sollte. Das darf jeder für sich selbst entscheiden und wird, je nach Situation, durchaus unterschiedliche Ausmaße annehmen. Wenn jedoch das Loslassen auf sich warten lässt und dadurch unsere Lebensqualität und Lebensfreude eingeschränkt werden, dann wage ich das schon zu hinterfragen. So schlimm und schwierig die Situation auch ist, wieso wollen wir uns zusätzlich noch selbst quälen? Wieso wollen wir uns selbst jegliche Freude verwehren, die wir vorher gemeinsam leben durften? Wo ist das ansteckende Lachen hin, für das du immer geliebt wurdest? Wieso willst du deine positiven Eigenschaften und Energien der Welt verwehren? Unser Leben ist kurz. Lass es uns möglichst freudvoll und liebevoll leben, ganz gleich, wie hart die Zeiten auch mal sein mögen.

Vielleicht denkst du gerade, dass du bei all dem Schmerz, den die Liebe verursachen kann, lieber darauf verzichtest. Das kann durchaus eine Strategie sein. Mir persönlich gibt es mehr, zu lieben, als zu meiden. Das gehört für mich dazu, um lebensfroh und offenherzig zu leben. Ich möchte niemals ohne Liebe leben, ganz gleich, zu welchen schmerzhaften Momenten sie führen kann. Mein Leben wäre kalt, trostlos, leblos ohne Liebe, Freude und Nähe. Wie schön sind die Erinnerungen an gemeinsame Momente, die innerlich wärmen, Geborgenheit geben und positiv ausstrahlen? Auch wenn sich Trauer daruntermischt, so möchte ich diese Gefühle keinesfalls missen. Du entscheidest selbst, wie du lieben und leben möchtest. Ich beschreibe dir hier nur meinen Weg, wie ich mit der Liebe und dem Loslassen umgehen möchte. Ein Weg, der mich erfüllt und mir Freude und Zufriedenheit bringt.

Die alte Eiche – Teil I

Durch das Laub an knorrigen alten Ästen schillerte der Sonnenschein. Ein leichter Wind ging und das Gras raschelte. Hier, unter der alten, ehrwürdigen Eiche konnte Mia entspannen. Es war ein wunderschöner, friedlicher Platz. Egal, was das Leben außerhalb für sie bereithielt, hier konnte sie sie selbst sein. Schon immer. Dieser besondere Ort gehörte zu ihr, solange sie sich erinnern konnte.

»Diese Eiche ist schon über vierhundert Jahre alt«, schoss es ihr durch den Kopf. »Sie hat viele Kriege überlebt, die Industrialisierung, die Wiedervereinigung. Und sie ist so schön und eindrucksvoll, obwohl sie schon so alt und so knorrig ist. Wieso können wir die Menschen nicht auch so wahrnehmen?«, fragte sich Mia. Früher in der Schule wurden Mitschülerinnen gehänselt, nur weil sie einen Pickel hatten. Und gerade heute hatte sie es wieder erlebt, wie ein ziemlich genervter Pfleger im Altenheim »Alte Schachtel« raunte, während er das Bett einer alten Dame herrichtete. Mia war Pflegeleiterin in einem Seniorenheim. Wie häufig alte oder kranke Menschen ohne Respekt und Würde behandelt wurden, erschreckte sie jedes Mal aufs Neue. Sie versuchte dann, zu intervenieren. Sie wünschte sich einen empathischen, liebevollen Umgang untereinander – sowohl seitens der Pfleger als auch seitens der Bewohner. Doch leider hielt das nur selten längere Zeit an. Menschen mit scheinbaren Defiziten schienen oft weniger wert zu sein. Andere ließen ihren Groll an Schwächeren aus oder beharrten auf ihren Standpunkt, bis die Fetzen flogen. »Wieso sind Menschen bloß so grausam zueinander?«

»Weil sie verlernt haben, zu sehen«, flüsterte auf einmal eine Stimme. Mia war ganz irritiert. Woher kam diese Stimme? Oder hatte sie das nur geträumt? »Du hast schon richtig gehört«, flüsterte die Stimme, »ich habe mit dir gesprochen, ich, die alte Eiche, zu deren Füßen du so gerne liegst. Deine Wertschätzung, deine Liebe und dein Vertrauen zu mir, das dich immer wieder zu mir zurückbringt, sind es, die mich zu dir sprechen lassen.«

Mia war jetzt völlig irritiert. Ein sprechender Baum? Sollte es denn so was geben? Nun ja, ihre Freunde und ihre Familie erzählten Mia des Öfteren, dass sie eine Tagträumerin sei, ein kleines Wunderblümchen. Vermutlich war auch dies wieder ein Tagtraum.

»Du darfst es gern als Tagtraum wahrnehmen oder als Wirklichkeit, das ist deine Entscheidung«, sprach die warme, weiche Stimme. »Ich bin dankbar dafür, dass du mich immer wieder beachtest und dass du deine Gedanken mit mir teilst.«

Plötzlich wurde Mia bewusst, dass sie ihre Gedanken stets laut aussprach, wenn sie an der Eiche war. Schließlich gab es hier weit und breit niemanden, der sie hätte hören können. Tatsächlich saß sie öfter unter diesem alten, ehrwürdigen Baum und führte Selbstgespräche. Sie ließ stets einfach raus, was sie bewegte. Allerdings waren auch einige Dinge dabei, die sie vor ihren Freunden oder ihrer Familie eher für sich behalten hätte.

Und wieder sprach die fremde und gleichzeitig so wohltuende Stimme: »Danke dir für dein Vertrauen.«

Die Gedanken kreiselten in Mias Kopf und gleichzeitig wuchs die Neugier. Was wäre denn, wenn dieser Baum tatsächlich mit ihr sprechen würde? Und selbst wenn es nicht der Baum wäre, der mit ihr spricht, sondern eine andere innere Stimme, wer weiß, was sie zu sagen hat? Was sagte die Stimme noch gleich am Anfang? »Weil sie verlernt haben, zu sehen ...« Die Neugier siegte und Mia gab sich einen Ruck.

6   Operation am offenen Herzen

Der Titel dieses Kapitels ist etwas plakativ. Denn im Gegensatz zu einer echten Operation am offenen Herzen ist das offenherzige Leben sicher kaum als lebensbedrohlich zu bezeichnen. Und doch ist es für viele Menschen schwierig, sich in diesen ungeschützten Raum zu begeben. Mit einem offenen Herzen zu leben bedeutet für einige auf den ersten Blick, ungeschützt zu sein vor Schmerz, Angriffen und Verletzungen. Das Grundvertrauen, das ich allem und jeder entgegenbringe, kann durchaus auch mal missbraucht werden. So kann es passieren, dass ich getäuscht oder ausgenutzt werde. Jedoch überwiegen in meinem Leben die positiven Erlebnisse. Die Situationen, in denen ich Menschen ohne großen Aufwand helfen kann, wo ich Dankbarkeit und Freude verbreite. Meines Erachtens hängt das sehr stark mit dem Urvertrauen zusammen, in dem ich lebe. Ich bin überzeugt, das Universum ist mein bester Freund. Ich bin mir sicher, dass es das Leben gut mit uns meint. Ganz im Sinne des Gesetzes der Anziehung können unsere Gedanken und unser Glaube Wirklichkeit werden. Was wir denken, ziehen wir an. Meine Offenherzigkeit und die lebensbejahende Einstellung sind es vermutlich, die in meinem Leben in erster Linie Menschen anziehen, die es gut mit mir meinen.

Natürlich ist auch das ein Fakt: Wer liebt, ist ungeschützt vor Schmerz. Daher ist es für mich wichtig, ein hohes Maß an Selbstliebe und Selbstwertgefühl aufzubauen. Und eine Widerstandsfähigkeit, indem man Dinge nicht so persönlich nimmt[3]. Mit einer starken inneren Basis lässt es sich nur schwer aus der Ruhe bringen. Das ist eindrucksvoll zu sehen bei Mönchen, die scheinbar jeden Angriff weglächeln. Tatsächlich werden dich Angriffe von außen deutlich weniger belasten, wenn du mit dir im Reinen bist. Du bist für dich hoffentlich die wichtigste Person in deinem Leben, ganz ohne Egoismus oder Narzissmus. Du darfst dich mindestens genauso wertschätzen und lieben, wie du es mit deinen Liebsten tust. Selbstliebe und Selbstwert sind enorm kraftvoll und wichtig für ein glückliches, zufriedenes Leben. Wenn

---

[3] Buchempfehlung: Tim Schlenzig »Wie man die Dinge nicht mehr so persönlich nimmt«, mymonk.de

du gut aufgestellt bist, dann wird dir sicherlich schon aufgefallen sein, dass Kritik und Angriffe in der Regel aus Ängsten, Problemen oder anderen Bedürfnissen deines Gegenübers herrühren. Sie haben selten wirklich etwas mit dir zu tun. Eigene Konflikte werden auf das Gegenüber übertragen, häufig unbewusst und ungewollt verletzend. Sehr hilfreich war für mich auch in diesem Zusammenhang die GFK–Ausbildung, die mich lehrte, hinter Handlungen und Worten versteckte Gefühle und Bedürfnisse zu erahnen.

Mittlerweile prallen viele Dinge an mir ab, die ich früher durchaus persönlich genommen und die mich verletzt hätten. Früher wäre meine erste Frage in kritischen Situationen gewesen: »Was habe ICH falsch gemacht?« Dass ich mich hinterfrage, wenn eine andere Person schlechte Laune hat, ist selten geworden. Denn es ist ihr Problem, ihr Schmerz, ihre Angst. Mein Gegenüber projiziert ihre Erfahrungen auf mich. Sie macht mich vielleicht für ihr Leid oder ihren Schmerz verantwortlich. Es ist und bleibt ihre Herausforderung, damit umzugehen. In einer solchen Situation ist es wunderbar, wenn wir, statt direkt gegenzuschießen, zu streiten oder uns aus dem Weg zu gehen, aufeinander eingehen können. Wenn wir hinterfragen, was jetzt genau der Auslöser für den Schmerz war und wie wir letztendlich helfen können. Dadurch bleiben wir uns selbst treu und können gleichzeitig auf unser Gegenüber eingehen. Das klingt etwas widersprüchlich, doch es funktioniert erstaunlich gut. Dafür ist es wichtig, sich selbst etwas zurückzunehmen und auf Rechthaben zu verzichten. Selbst wenn dein Gegenüber keine Ahnung hat von Gewaltfreier Kommunikation, funktioniert diese Art der Verständigung. Du brauchst keine großartige Ausbildung genossen zu haben, sondern achte in Gesprächen darauf, welche Gefühle und Bedürfnisse sich eventuell unbewusst zeigen. Es funktioniert, weil Menschen gesehen und gehört werden wollen, so, wie sie sind. Allerdings gibt es auch Tage, an denen ein gut gemeinter Versuch total in die Hose geht. Lies dazu das Kapitel »Wenn es mal dumm läuft«.

Du spürst schon in meinen Zeilen, ich fahre voll drauf ab, offenherzig zu leben und auf andere zuzugehen, weil es mir unheimlich guttut. Mit einem offenen, furchtlosen, vertrauensvollen Herzen zu leben ist für mich so wertvoll. Es bereichert mein Leben. Es führt dazu, dass sich Menschen mir anvertrauen und ich sie unterstützen kann, quasi nur durch mein Da-Sein. Es gibt viele Momente, in denen ich ein Kribbeln im Bauch und ein Beben in der Brust spüre, wie beim ersten Kuss. Es ist die Euphorie des Lebens, die mich nährt und mich begeistert. Mir ist sehr wohl bewusst, dass diese Zeilen auf einige befremdlich wirken können. Vielleicht denkst du gerade, dass ich nun doch abhebe. Das ist okay. Meinen Lebensweg so zu beschreiben, dass er für jede verständlich und nachvollziehbar wird, ist kaum möglich. Ich kann dir nur empfehlen, dich darauf einzulassen. Dein Herz zu öffnen und zu spüren, was das mit dir macht. Sicherlich wirst auch du Freude empfinden, die nach und nach zur Euphorie wird.

In einem Gespräch mit einer Redakteurin der Goslarschen Zeitung stellten wir fest, dass mein Leben meine Droge sei. Das trifft es ganz gut. Denn was gibt es Schöneres, als dass du dein Leben so gestaltest, dass du nahezu jeden Morgen freudig und neugierig aufwachst? Dass du die unzähligen kleinen

Wunder auf deinem Weg wahrnimmst, wertschätzt und dankbar dafür bist? Dass du offen bist für Neues, für die Abenteuer dieser Welt? Natürlich gibt es auch bei mir schlechte Tage. Auch ich bin mal müde, mies drauf und würde gern die Bettdecke über den Kopf ziehen. Ich gebe dafür allerdings niemandem die Schuld. Es liegt mir fern, das Leben zu verfluchen oder zu glauben, dass es jemand schlecht mit mir meint. Oft bin ich ruckzuck selbst von der Melancholie genervt. Dann tanze ich mich wieder frei und komme so zurück in den lebensbejahenden Modus.

Eine Kunst des Lebens mit offenem Herzen ist, den Schmerz ziehen zu lassen und dennoch weiter zu lieben. Wie auch im Kapitel »Lieben und loslassen« beschrieben, ist es durchaus möglich, ein geliebtes Wesen loszulassen und dennoch weiter im Herzen zu behalten. Zu oft kämpfen wir meines Erachtens gegen die Liebe an. Weil wir verlassen wurden, versuchen wir den einst geliebten Menschen zu hassen und Erinnerungen an ihn zu verbannen. Das kostet Kraft, Energie und Lebenszeit.

Wenn wir es schaffen, den Schmerz ziehen zu lassen, dann können wir die Erinnerungen annehmen und sie als Teil unseres Lebens akzeptieren. Mir ist bewusst, dass das je nach erlebter Situation schier unmöglich erscheint. Es liegt mir fern, Situationen zu beurteilen oder gewisse Handlungen und Taten gutzuheißen. Mir ist nur wichtig, dass du ein lebenswertes, freudvolles Leben führen kannst.

Mir begegnen oft Personen, die Belastungen der Vergangenheit mit sich schleppen und darunter zugrunde gehen. Immer wieder werden die Ereignisse durchgesprochen, immer wieder werden die negativen Emotionen des Moments hervorgerufen. Die Erinnerung hält die Vergangenheit lebendig. Unser Verstand macht keinen Unterschied, ob etwas gerade jetzt passiert oder schon zehn Jahre vergangen sind. Er nimmt die Situation auf und versetzt uns in genau die Stimmung des schon längst vergangenen Moments. Unsere Wunden werden so unheilbar, unsere Narben immer härter. Letztendlich verstümmeln wir uns selbst, wenn wir es zulassen, dass unsere Vergangenheit unsere Gegenwart vergiftet. Warum tun wir das also? Glauben wir ernsthaft, dass wir die Person, die uns die Verletzungen zugefügt hat, durch Groll und Liebesentzug bestrafen können? Was für eine Illusion! Die andere Person erfährt höchstwahrscheinlich nie etwas von unserem Leid. Und selbst wenn, dann hätte sie vielleicht Mitleid, doch wohl kaum ein schlechtes Gewissen. Was wäre, wenn sie sich entschuldigen würde? Würde es dir dadurch besser gehen und würde es deine Vergangenheit verändern? Vermutlich ein wenig. Auch dann wäre es wichtig, loszulassen, um wirklich frei weiterleben zu können.

Ich hoffe, du spürst, es geht um DICH. Nur um dich. Es ist deine Entscheidung, wie sehr du dich von der Vergangenheit beherrschen lässt. Du entscheidest, wie lange du leiden möchtest und wie tief du den Schmerz an dich ranlässt. Nur du kannst deinem Leben die gewünschte Richtung geben. Für mich macht es gerade die Offenherzigkeit möglich, zu lieben und loszulassen, zu spüren, ohne festzuhalten.

Hoffentlich konnte ich dir mit diesen Zeilen näherbringen, wie ich mein Leben mit einem offenen Herzen verstehe. Es bereichert mein Leben. Ich kann so sein, wie ich wirklich bin. Es gibt keine Masken in meinem Leben, keine Lügen oder Geschichten. Ich lebe meine Wahrheit ganz authentisch und echt. Ob das auf Zustimmung trifft oder für die eine oder andere eher anstrengend ist, ist mir dabei herzlich egal. Denn nur, wenn ich echt bin, wenn ich meinen Werten folge, kann ich in Freude leben und Freude geben. Nur dann haben die Personen in meinem Umfeld etwas von mir und ich kann Gutes tun. Dass ich diesem, meinem »Sinn« nun so konsequent folge, dafür bin ich sehr dankbar. Es hat eine Weile gebraucht, bis ich meinen Weg und meine Werte erkannt habe. Vielleicht lag das Gute nur zu nah? Ich war überrascht, dass mein Sinn des Lebens sich in so kleinen Dingen zeigte und doch so immens wirkungsvoll ist. Nun trainiere ich tagtäglich meine Ausdauer, mein Rückgrat und meine Widerstandsfähigkeit, um auf diesem Weg zu bleiben. Ich lerne aus jeder Situation hinzu und freue mich über viele neue Erkenntnisse, die meine Lebenseinstellung bestärken. Denn Gegenwind gibt es überall. So wird dieses Buch mich auch in Zukunft immer wieder daran erinnern, wie ich leben möchte und warum mir das so wichtig ist. Leben mit einem offenen Herzen ist eine Entscheidung, die ich für mich getroffen habe.

7   Das innere Leuchten

Kennst du auch Menschen, die von innen heraus leuchten und strahlen? Menschen, die von einer besonderen Aura umgeben sind und deren sympathische, warmherzige Präsenz im Raum spürbar ist? Ich bin immer wieder fasziniert, auf solche Menschen zu treffen. Beeindruckend war es bei einer meiner ersten Veranstaltungen mit positiven Selbstentwicklern. So viele strahlende Menschen! Die Bildergalerie, die es im Anschluss bei Facebook zu sehen gab, zeigte nur »schöne« Menschen. »Schön« im Sinne von Ausstrahlung, Charisma, Freude, Strahlen. Es war faszinierend für mich. Vielleicht kommt daher der Ausdruck »strahlend schön«. Ein Zustand, der durchaus erstrebenswert ist.

Dieses Strahlen kommt von innen. Innere Zufriedenheit, Glück, Wertschätzung, Selbstliebe und (Selbst-)Vertrauen entzünden ein inneres Feuer, das uns leuchten lässt. Es wärmt auch. Das starke Gefühl in uns, vollkommen, richtig und gut zu sein, nährt unsere Seele. Es macht uns widerstandsfähig gegen Angriffe von außen. Gleichzeitig ist unsere Präsenz, unsere Herzenswärme ansteckend. Jedem Menschen, dem wir mit dieser Wärme und Stärke begegnen, geben wir ein gutes Gefühl. Unser inneres Strahlen erzeugt auch innere Größe. Dadurch liegt es uns fern, jemanden klein halten zu wollen, und Konkurrenzdenken entfällt. Wertschätzung, Respekt und Anerkennung fallen uns für uns und unser Gegenüber leicht. Ich finde es wunderbar, wenn Menschen offen, freundlich und wohlwollend aufeinander zugehen, anstatt wie Katzen umeinander rumzuschleichen und auf den nächsten Hieb zu warten, den wir dem anderen versetzen können.

Meistens ist das innere Feuer am Leuchten der Augen zu erkennen. Ich finde es sehr spannend, Fotos von mir zu vergleichen. Tatsächlich fehlte eine ganze Weile das Leuchten in meinen Augen. Das fand ich im Nachhinein erschreckend und es war unabhängig von der genutzten Technik. Es gab wirklich Zeiten in meinem Leben, in denen ich unbewusst mein inneres Feuer klein gehalten habe. In denen ich mich von außen habe steuern und beeinflussen lassen. Immer wieder bin ich Menschen begegnet, die mich schützen wollten, indem sie meine offene Art und Hilfsbereitschaft infrage stellten. Warum wäre es meine Aufgabe, mich um Dinge zu kümmern, die auch andere tun könnten? In der Ausbildung gab es ungewolltes Machtgerangel mit einer Kollegin. Bewertungen und Vergleiche, Zeugnisnoten und Zielvorgaben schürten das Konkurrenzdenken. Obwohl immer etwas in mir dagegen war und ich nur ungern auf mein Recht pochte oder für Anerkennung kämpfte, so prägte mich doch diese Zeit. Ich würde sie als absolut normalen Alltag ohne große Hindernisse, Krisen oder Ähnliches bezeichnen. Quasi der ganz normale Irrsinn oder Irrtum, in dem wir alle aufwachsen. Der Glaube an Ellenbogen- und Leistungsgesellschaft wird schon von Kindesbeinen an aufgebaut. Erfreulicherweise waren meine Eltern nie in diesem Machtdenken befangen und so wuchsen wir in einem offenherzigen Zuhause auf. Obwohl die vielen verschiedenen äußeren Einflüsse mein inneres Licht mit der Zeit etwas verkümmern ließen, ist es glücklicherweise nie ganz erloschen. Das wäre eine gruselige Vorstellung für mich. Meine Entwicklung und Erkenntnisse der vergangenen Jahre haben mir gezeigt, wie mein Weg zum Glücklichsein aussieht.

Mein Strahlen war immer da und leuchtet nun umso stärker. Ich erinnerte mich daran und innerhalb kürzester Zeit war das Feuer in mir wieder voll entflammt. Fotos zeigen mich erneut mit einem Strahlen in den Augen – ganz gleich, ob ich gerade müde oder gestresst bin. Das innere Feuer ist irgendwie immer da, die Ausstrahlung ist anders. Das Gefühl, das damit einhergeht, ist wunderbar erfüllend und stärkend. Diese Stimmung, dieses Lebensgefühl möchte ich nie wieder verlieren, denn es bereichert und verschönert so sehr mein Leben. Wie lange ich leben darf und ob es nur dieses eine Leben gibt, ist ungewiss. Daher möchte ich aus dem jetzigen Moment das Beste für mich herausholen. Und dazu gehört meines Erachtens eindeutig, alles dafür zu tun, um das innere Feuer in Gang zu halten und das innere Strahlen nie wieder zu verlieren.

Damit dies möglich ist, ist es ausschlaggebend, seine wichtigsten Wünsche, Werte und Ziele zu kennen. Zu wissen, was man besser vermeiden will, ist ein Anfang. Wertvoller ist es für mich, die Dinge im Leben zu kennen, die einem Glück, Sinn und Erfüllung geben. Da tickt jeder von uns anders und hat seine eigenen Prioritäten. Während der eine gern die ganze Welt sehen möchte, möchte der andere vielleicht mit seinen Händen schöne Dinge erschaffen oder bedürftigen Menschen helfen. Es ist wichtig, herauszufinden, was konkret dir Freude und Glück bereitet. Was sind die Dinge, die in dir Leidenschaft entfachen? Für was stehst du gern früh auf? Welche Handlungen sind es, die die Zeit rasen und dich alles um dich herum vergessen lassen? Das sind die Dinge, die dich erfüllen. So sind mir beispielsweise Empathie und Begegnungen in meinem Leben besonders wichtig. Empathie bedeutet für mich, andere Menschen so anzunehmen, wie sie sind. Sie weder zu beurteilen noch zu bewerten. Ihre Meinung zu akzeptieren, auch wenn wir uns vielleicht uneinig sind. Ihnen zuzuhören, sie wahrzunehmen, sie zu sehen. Wunderbar ist es, dass ich dieses Bedürfnis jederzeit erfüllen kann. Es ist meine Entscheidung, wie ich Menschen gegenübertrete. Wenn ich dem Kassierer im Supermarkt empathisch begegne, mich bedanke und entspannt bleibe, auch wenn es etwas länger dauert, dann habe ich meinen Lebenswunsch schon erfüllt. Ist ziemlich offensichtlich, oder?

Mein Bedürfnis nach Begegnungen stellt mich da schon eher mal vor eine Herausforderung. Denn auch meine Tage haben nur vierundzwanzig Stunden und in meinem Leben gibt es viele, viele Menschen, die ich sehr schätze und für deren Kontakt zu mir ich unendlich dankbar bin. Die Begegnungen mit ihnen oder auch mit fremden Menschen sind für mich bereichernd und wohltuend. Daher ist es meine Herausforderung, die vielen Interessen und Notwendigkeiten so geschickt zu organisieren, dass genügend Zeit für meinen Liebsten, Freunde, Familie und für Begegnungen bleibt.

Wenn du deine Werte kennst, dann kannst du dein Leben danach ausrichten. Dankbarkeit, Empathie, Lebendigkeit und Offenheit gehören bei mir dazu. In vielen Situationen kann ich meine Entscheidungen dementsprechend treffen. Bremse ich mit einer Maßnahme meine Lebendigkeit aus? Fühlt sich die Entscheidung empathisch an? Bin ich offen für bestimmte Situationen? Es ist eine Herausforderung, zu seinen Werten zu stehen, doch es erleichtert das Leben. Denn ich bleibe mir treu und andere wissen, was sie von mir erwarten können.

Mit diesem kleinen Ausflug zu Wünschen, Bedürfnissen und Werten möchte ich zeigen, dass wir es selbst in der Hand haben, ob wir unser inneres Feuer schüren oder vernachlässigen. Alles, was uns guttut, wird das innere Feuer anfachen. Wenn wir Momente, die uns Freude bereiten, verstärkt in unserem Leben platzieren, dann werden wir nach und nach ganz von allein von innen strahlen.

Achte auf Menschen in deiner Umgebung, die diese besondere Aura haben. Spür mal hinein und schau, was sie ausmacht. Umgib dich mit möglichst vielen strahlenden Menschen, denn das überträgt sich. Positive Stimmung und Energie verbreitet sich ebenso wie negative. Wenn du es schaffst, dir ein wohltuendes, positives Umfeld aufzubauen, dann wird auch dies dein inneres Strahlen stärken. Vermeide es, dass Menschen dir ihre negativen Schwingungen aufdrücken. Bleib davon unbeeinflusst. Schau genau hin, wofür du deine kostbare Lebenszeit einsetzt. Dann kannst du recht gut steuern, wie stark du strahlst und wie hell dein Licht wird. Ich wünsche dir dafür alles Gute!

8   Heimatliebe

In vielen Büchern ist zu lesen, dass wir nach Hause finden mögen. In uns, in unserem Leben. Für mich symbolisiert das Wort »Heimatliebe« ganz gut, was sich hinter dieser Suche verbirgt. Sicherlich kennst du auch Menschen, die ihre Heimat gefunden haben. Die in voller Zufriedenheit ihr Leben leben. Man trifft sie beispielsweise im Urlaub in Norwegen, in den Rocky Mountains oder an der Küste Irlands. Allzu oft kommen dann Gedanken auf wie »Wer an einem solchen Ort lebt, kann ja nur glücklich sein« oder »Diese Person hatte Glück in ihrem Leben«. Ausschlaggebend für die Zufriedenheit im Leben sind eher andere Faktoren. Denn wie viele Menschen suchen ihr Glück im Ausland und werden dort bitterböse ent-täuscht? Die Täuschung, dass ein anderer Ort uns Zufriedenheit bringen würde, fliegt auf. Menschen, die ihre Heimat gefunden haben, gibt es überall. Schau in deinem näheren Umfeld mal genauer hin. Du wirst sicherlich Menschen in unterschiedlichsten Lebenssituationen finden, die zufrieden und glücklich sind.

Bei der Heimatliebe, die ich hier meine, ist der Ort, an dem wir leben, egal. Ich wollte gerade erst schreiben »nahezu egal«. Das wäre zu abgeschwächt. Ich bin überzeugt, wir Menschen können glücklich sein, ganz egal, wo wir leben. Ein gutes Beispiel ist dafür das Leben von Mönchen oder Aussteigern, die in kärglichen Verhältnissen leben und dennoch glücklich und zufrieden sind. Auch Menschen in ärmeren Ländern beeindrucken oft mit ihrer Lebensfreude. Eigentlich dürfte es für uns in der westlichen Welt leichter sein, Zufriedenheit und Glück zu finden. Wir leben im Frieden, haben ein Dach über dem Kopf, einen Supermarkt in der Nähe und sind sozial abgesichert. Stattdessen gibt es viele einsame, unzufriedene, missmutige Menschen. Die Anzahl an psychisch erkrankten Personen wächst. Sie haben ihre innere Heimat verloren.

Ich bin überzeugt, dass nur wer in sich seine Heimat gefunden hat, sich selbst und sein Leben liebt und sein Herz öffnet, auch dauerhaft Zufriedenheit und Glück erfahren wird. Es besteht eine tiefe Sehnsucht in uns, »nach Hause« zu finden. Vielleicht rührt das noch aus Urzeiten her, als die Gemeinschaft notwendig war, um zu überleben. Als ein kleines Feuer in einer geschützten Höhle Sicherheit und Geborgenheit bot. Unser Stammhirn oder auch »Reptiliengehirn« ist der älteste Teil unseres Gehirns. Seit etwa 500 Millionen Jahren sorgt dieser Teil in unserem Kopf für das Überleben. Er steuert alle lebenswichtigen Körperfunktionen, wie Atmung und Herzschlag. Diese Mechanismen laufen unbewusst ab. Daher übernimmt in Gefahrensituationen das Stammhirn und sichert so unser Überleben. Wer einem hungrigen Löwen gegenübersteht, hat keine Zeit zum Nachdenken. Leider werden die »Gefahren« der zivilisierten Welt oft von unserem Gehirn überschätzt und es entstehen unnütz Panik oder Stresssituationen. Mit unseren Gedanken tragen wir mit dazu bei. Wie auch immer, ich könnte mir vorstellen, dass auch die Sehnsucht nach einer Heimat, nach einem Zuhause, tief in diesem Hirnbereich verankert ist. Ich habe keine Ahnung, ob das bisher mal wissenschaftlich untersucht wurde. Das wäre vielleicht eine Anregung. Beim Schreiben dieser Zeilen erscheint es für mich logisch. Die Sehnsucht nach einer Heimat ist unterschwellig in jeder von uns da, oft unbewusst. Bei den ersten Büchern, in denen ich dazu gelesen hatte, habe ich auch eher den Kopf geschüttelt. Denn ich fühlte mich wohl in meinem Leben, da wo ich war und wie ich lebte. Was wollte mir also das Gefasel von »Heimat finden« oder »Ruf folgen« sagen?

Mittlerweile, glaube ich, ist mir die Bedeutung bewusster geworden. Sehr oft habe ich das Gefühl, angekommen zu sein. Es ist wie ein innerliches Einsinken in einen gemütlichen Sessel, mit einem dampfenden Tee in der Hand und einem wärmenden Feuer im Kamin. Es ist wie eine innerliche Umarmung, ein schönes Gefühl, zu Hause zu sein.

> *»Ohne Heimat sein heißt leiden.«*
> (Fjodor Michailowitsch Dostojewski,
> 1821–1881, russ. Schriftsteller)

Diese Art der inneren Heimatliebe ist etwas Besonderes und aus meiner Sicht für jede zu erreichen. Wichtigste Zutat ist für mich die Akzeptanz dessen, was ist. Erst einmal annehmen, wo wir stehen und wie wir leben. Denn dies ist unser Leben und wir können es selbst gestalten. Auch was bisher war, lag in unserer Hand, wenn auch vielleicht eher unbewusst. Da wir zwanzig, dreißig, fünfzig oder mehr Jahre überlebt haben, haben wir wohl vieles richtig gemacht. Das gilt es, anzuerkennen. Für mich ist das der erste Schritt auf dem Weg zu mehr Zufriedenheit. Akzeptanz für das, was ist und war, statt Kampf gegen die Vergangenheit. Um unser »Zuhause« einzurichten, gibt es sicherlich viele Wünsche, die wir uns gerne erfüllen würden, oder Ziele, die uns zufriedenstellen könnten. Doch auch, wenn die Erfüllung noch auf sich warten lässt, können wir im Hier und Jetzt durchaus zufrieden sein. Letztendlich liegt es an dir, diese Dinge in dein Leben zu integrieren. Erst einmal ist es wichtig, herauszufinden, was dir guttut und was für dich bedeutend ist. Dann schau, wie du das erreichen kannst. Wenn du jetzt denkst »Ich wünsche mir einen Lottogewinn«, dann schau noch mal genauer hin. Was würde ein Lottogewinn wirklich verändern? Welche wesentlichen Dinge würdest du in deinem Leben dadurch einbringen können? Sind es diese Dinge, die dich dauerhaft und nachhaltig zufrieden machen? Geld steht bei uns häufig als Synonym für Sicherheit und Glück. Doch ist das wirklich so? Steigen vielleicht sogar Angst und Unsicherheit mit wachsendem Reichtum? Letztendlich kann sich jede sicher fühlen, ganz unabhängig vom Besitz. Es liegt oft an der inneren Einstellung, was uns Sicherheit oder Glück bringt. Häufig sind es weniger die materiellen, sondern die ideellen Wünsche und Ziele, die für nachhaltige Freude und Glück sorgen. Wenn wir dies akzeptieren und annehmen, anstatt eher utopischen Träumen hinterherzuhetzen, dann wird es uns meiner Erfahrung nach leichter fallen, die innere Heimat zu finden. Sicherlich gönne ich dir dennoch den Lottogewinn und all die großen Träume. Versuche auch ohne diese im Hier und Jetzt eine Zufriedenheit aufzubauen. Es wird dein Leben erleichtern und bereichern, da bin ich mir sicher. Aus meiner Sicht kannst du deine großen Träume und Ziele so viel konsequenter anstreben und dein Leben in die geeignete Richtung ausrichten, um sie auch zu erreichen.

Nun noch mal zurück zur Heimatliebe. Ich habe ja oben beschrieben, dass deine Zufriedenheit erst einmal unabhängig ist von dem Ort, an dem du lebst. Das ist für mich ein Fakt. Dennoch gibt es die Heimatverbundenheit, die Heimatliebe zu einem Ort, einer Region oder einem Land. Ich bin überzeugt, die eigenen Wurzeln sind wichtiger als ein Jetset. Auch wenn es spannend sein kann, die ganze Welt zu bereisen und dies vielleicht eins deiner großen Ziele ist, ein Zuhause zu haben, einen Ort, zu dem man zurückkehren kann, ist für mich ebenso bedeutend. Wenn du getrieben bist von der Abenteuerlust und durch die Welt jettest, horch doch mal in dich hinein, ob es vielleicht auch für dich einen Ort gibt, der für dich Heimat bedeutet. Was fühlst du dann? Das würde mich sehr interessieren.

Ich wünsche dir viel Erfolg beim Finden deiner inneren und äußeren Heimat. Möge sie für dich ein geschützter Platz sein, der dich zur Ruhe bringt, der Sicherheit, Geborgenheit, Freude und Energie bietet.

9   Liebe deinen Nächsten

»Liebe deinen Nächsten ...« Das klingt nach einem Bibelspruch. Etwas abgedroschen vielleicht, abgenutzt und altmodisch. Mag sein. Warum willst du deinem Nächsten deine Liebe verwehren? Damit meine ich durchaus alle Menschen in deiner näheren Umgebung. Ich gehe jetzt mal davon aus, dass du deinen Partner und deine Familie liebst. Wie sieht es aus mit deinen Kollegen, deinem Chef, deinen Nachbarn oder der Verkäuferin beim Bäcker? »Lieben« ist vielleicht für viele ein unpassendes Wort, zu stark für die Allgemeinheit. Wie wäre es daher mit »mögen«, »schätzen«, »respektieren« oder »wohlwollend annehmen«? Ich bleibe in diesem Kapitel bei dem Wort »lieben« und du ersetzt es mit dem Synonym, das sich für dich gut anfühlt.

Nun, wie ist es mit deinen Nächsten? Kannst du sie lieben? Ich denke, sich wohlwollend, positiv und liebevoll zu begegnen ist erst einmal unabhängig von Positionen oder Handlungen. Ganz gleich, wer dir gegenübersteht, auf welcher Sprosse der imaginären Hierarchieleiter er vielleicht stehen mag, du kannst jedem wohlwollend gegenübertreten. Das wäre für mich ein wichtiger Schritt auf dem Weg in ein positives Leben, in eine Welt ohne Hass und Missgunst. Wir sind alle Menschen. Wir sind dazu gemacht, zu lieben. Wir haben alle ein großes Herz, eine Seele und unbewusst sind wir irgendwie miteinander verbunden. Leider wird dies allzu oft verneint oder unterschlagen. Viele Menschen folgen dem Motto »Wenn jeder an sich selbst denkt, ist an alle gedacht«. Stimmt in gewisser Weise sicherlich. Doch wenn dieses Motto dazu führt, dass Egoismus, Neid und Missgunst herrschen, dann ist das für mich der wenig sinnvolle Weg.

> »[Menschsein bedeutet] Die Fähigkeit, in einem Menschen das Gefühl zu erwecken, dass er so wundervoll sei wie du.« (Unbekannt)

Zu Recht wirst du jetzt vielleicht anmerken, dass es viele gewalttätige Menschen auf der Welt gibt, die wohl kaum Liebe verdient haben. Kriege, Terroranschläge, Amokläufe – die Nachrichten sind voll mit erschreckenden, blutigen Bildern von Verletzten und Toten. So viel Leid wird von Menschenhand gemacht. Keine anderen Lebewesen auf dieser Welt verursachen so viel Kummer, Schmerz und Not in ihren eigenen Reihen. Wie kann es uns da möglich sein, »jeden« zu lieben? Nun, ich bin überzeugt, dass niemand bösartig auf die Welt kommt. Schau in die Augen eines Babys und du siehst die Unschuld. Sieh das Lachen eines Kleinkindes und du siehst das Wohlwollende. Von Natur aus ist kein Mensch böse. Sie werden dazu gemacht! Ja, es gibt Kindersoldaten, die offensichtlich eiskalt und skrupellos vorgehen. Ihr Tod wäre für sie selbst eine Heldentat, sie würden zum Märtyrer. Mich machen diese Bilder sehr traurig. Was sind das für arme Wesen, die schon in jüngster Kindheit Terror und Drill unterliegen? Die vermutlich nie Liebe kennenlernen durften und im Hass groß werden?

Sicherlich wird es noch Jahrhunderte dauern, bis kulturelle Unterschiede und Machthaberei überwunden sind. Vielleicht sind es auch Jahrtausende. Ich bin überzeugt, mit jedem Menschen auf dieser Erde, der offenherzig, wohlwollend, vorurteilsfrei und vertrauensvoll lebt, wird unser aller Leben ein Stückchen besser. Liebe ist eine starke Kraft und sie verbreitet sich schnell. Sie ist ansteckend. Je mehr von uns sie ausstrahlen und verschenken, umso stärker wird sie die Welt beeinflussen. Ich könnte mir schon ein Paradies vorstellen, in dem die Menschen wohlwollend und gut miteinander leben. Stell dir vor, was wir alles erreichen könnten, wenn wir zusammenhalten. Wenn wir stärker die Gemeinschaft in den Mittelpunkt rücken würden, als für den rein persönlichen Status einzustehen. Dann würden wir endlich mal der intelligenten Spezies gerecht werden, die zu sein wir Menschen eigentlich fähig wären. Eine schöne Vision.

Zurück zum Thema, wie wir unseren Nächsten lieben können. Hier möchte ich die GFK wieder ins Spiel bringen. Bei der Gewaltfreien Kommunikation ist es wichtig, den Menschen und die Handlung voneinander zu trennen. Ohne Verbrechen schönzureden oder einen gewalttätigen Menschen von Schuld freizusprechen, ist es dennoch möglich, auf die Person zuzugehen. Jede Handlung hat einen Grund. Hinter jeder Handlung steht ein Bedürfnis. Wenn beispielsweise ein Kind ständig im Unterricht stört, dann möchte es vielleicht wahrgenommen, gesehen werden. Oder es ist unter- oder überfordert und hat keine andere Lösung, um aus der Situation herauszukommen, als zu nerven. Wenn dein Partner sich im Gespräch abwendet und auf sein Handy schaut, dann hast du vielleicht einen wunden Punkt getroffen. Er fühlt sich angegriffen oder unverstanden und sieht als einzigen Ausweg die Ablenkung.

Manchmal sind es vielleicht nur zwei Bedürfnisse, die kollidieren. Beim Handy-Beispiel könnte es einerseits der Wunsch sein, dem Partner zuzuhören, und andererseits der Drang, noch eben etwas mit einem Freund abzustimmen. Multitasking ist in einem solchen Falle allerdings wenig wertschätzend für alle Beteiligten. Es ist gut, einen Menschen unabhängig seiner Handlungen zu sehen und hinter die Kulisse zu schauen, was sich da vielleicht verbirgt. Dies ist alles andere als leicht. Denn wir selbst reagieren oftmals, ohne dass uns unsere Bedürfnisse in dem Moment bewusst sind. Allein uns selbst zu verstehen und zu hinterfragen ist schon eine echte Leistung und Aufgabe. Dann noch auf unser Gegenüber einzugehen und seine Bedürfnisse zu erspüren, erfordert wirklich sehr viel Willenskraft, Geduld, Einfühlungsvermögen und stetes Training. All diese Anstrengungen sind es wert, davon bin ich überzeugt. Denn mit dieser Herangehensweise lassen sich Missverständnisse vermeiden oder aufklären. Das Miteinander wird harmonischer und liebevoller.

Mit diesem tieferen Wissen fällt es leichter, den Nächsten auch zu lieben und zu respektieren, selbst wenn seine Handlungen auf wenig Zustimmung treffen. Ich stelle mir diese Art der Kommunikation wunderbar in Zusammenhang mit Kindern vor. Es würde sicherlich einiges an Streit und Ärger innerhalb der Familien ersparen.

»Wie du mir, so ich dir« – was ist, wenn dir einer dumm kommt? Viele Menschen reagieren dann ähnlich dumm, lassen sich auf Streit und Diskussionen ein oder wenden sich ab. Das Urteil über das Gegenüber ist gefällt. Dabei warst du vielleicht schon der dritte an diesem Tag, der einen vermeintlich witzigen Spruch abgelassen hat. Oder dein Gegenüber reagiert aus Unwissenheit oder Unsicherheit flapsig. Schon wird derjenige abgestempelt und mit gleicher Art behandelt. Ich denke, es geht auch anders. Liebe braucht keine Gegenliebe. Natürlich wäre es schöner und für alle wohltuend, wenn unsere Liebe und

Freundlichkeit ein Echo fänden. Doch lieben zu können und wohlwollend auf Menschen zuzugehen, ist unabhängig davon, wie sie uns begegnen. Versuch einmal, dem genervten Kellner mit echter Freundlichkeit zu begegnen. Oder Mitarbeitern in Behörden, die sicherlich oft genug unter Beschuss stehen, offenherzig entgegenzutreten. Ich bin mir ziemlich sicher, bei den meisten wirst du zumindest ein leichtes Lächeln hervorrufen. Damit wird ihr Tag etwas schöner und sie werden sicherlich diese veränderte Stimmung verbreiten.

»Liebe deinen Nächsten« ist für mich weder unerreichbar noch abgedroschen oder altmodisch. Es ist für mich ein Weg zu mehr Freude, Wohlwollen und guter Stimmung in meinem Leben. Auch mir fällt es immer wieder mal schwer, geduldig und wohlwollend zu sein. Das hängt oft ab vom allgemeinen Stresspegel. Generell versuche ich, die oben geschriebenen Worte Taten werden zu lassen und so etwas mehr Liebe in mein Umfeld zu bringen.

10   Die inneren Stimmen

Kennst du sie auch, die inneren Stimmen, die dir erzählen, dass du mal wieder auf dem Holzweg bist? Die dir ins Ohr flüstern, wie unbegabt du bist, welche Fehler du ständig machst und dass du viel zu lieb bist? Sie sind mal leise, mal laut. Jede von uns wird den inneren Dialog kennen. Je nach Erfahrung und Prägung kommen immer wieder dieselben Kritiker zu Wort. Angst, Selbstzweifel, das schlechte Gewissen, der Lehrmeister, Wut, Traurigkeit – die Facetten der inneren Stimmen sind schier endlos.

Grundsätzlich mag ich es, dass wir diese Stimmen in uns haben. Sie können uns vor Fehlentscheidungen bewahren, sie können uns motivieren und stärken und auch dazu führen, dass wir uns selbst ab und an hinterfragen. Sie haben auf jeden Fall einen Auftrag, und die eine oder andere nimmt diesen sehr ernst, häufig zu ernst. Denn wenn diese inneren Stimmen uns womöglich in einem kritischen Licht sehen, uns anzweifeln und demotivieren, dann sind sie alles andere als hilfreich. Dann wirken die Stimmen eher bedrohlich und können echten Schaden anrichten. Fehlendes Selbstwertgefühl, Angstzustände bis hin zu Depressionen können meines Erachtens auch in zu lauten und zu zerstörerischen inneren Stimmen eine Ursache haben.

Auch in mir sind diese Stimmen vorhanden, mal mehr, mal weniger laut. Ich habe sie mittlerweile für mich schätzen gelernt und führe öfter einen inneren Dialog. Allerdings lenke ich dieses Gespräch dann in eine positive Richtung. Denn wie in einer Unterhaltung von Mensch zu Mensch lassen sich die inneren Dialoge beeinflussen und steuern, wenn wir achtsam genug sind. Letztendlich lässt sich jede Kommunikationsstrategie auch auf den inneren Dialog anwenden. Hilfreich war für mich tatsächlich, dass ich immer wieder den Hinweis gelesen habe, die Stimmen anzunehmen und als inneres Team anzuerkennen.

Dabei bin ich noch einen Schritt weiter gegangen und habe einigen einen Namen gegeben. Festus steht für meine Angst, Felicitas für mein schlechtes Gewissen, Ingeborg steht für meine Selbstzweifel ein, Bert ist derjenige, der mir ständig sagt, ich hätte Hunger, und Pit ist der Skeptiker unter uns, der erst mal alles hinterfragt. Ja, wir sind ein lustiges Trüppchen und haben oft viel Spaß miteinander. Seit ich ihnen Namen gegeben habe, sind die inneren Stimmen tatsächlich leiser, wohlwollender geworden und es ist für mich leichter, sie wahrzunehmen und anzuerkennen.

> *»Oh je, ob das mal gut geht. Da hast du dich ja weit aus dem Fenster gelehnt ...« – »Hallo Festus! Stimmt, ich bin etwas wagemutig. Glaube mir, ich weiß, was ich tue. Es wird bestimmt gut.«*

> *»Deine Hündin Unique schaut dich bald nicht mehr an, wenn du sie so vernachlässigst.« – »Ach Felicitas, danke, dass du mich erinnerst. Ja, ich dürfte mir etwas mehr Zeit für sie nehmen. Sie ist nie allein, hat liebe Menschen und ihren Partner Bo immer um sich. Ihr geht es gut.«*

So oder so ähnlich laufen Gespräche in mir ab. Ich begegne auch meinen inneren Kritikern wohlwollend. Das hat sich übrigens verändert. Früher habe ich öfters ein innerliches »Stopp!« gebrüllt und versucht, die Stimme zum Schweigen zu bringen oder sie zu ignorieren. Letztendlich war das wenig hilfreich. Je nach meiner Willensstärke oder der der inneren Stimme wurde es zu einem harten Kampf. Kräftezehrend, demotivierend und alles andere als zielführend. Seit ich die Stimmen wohlwollend angenommen habe, läuft es anders. Es ist eher ein effizienter, produktiver Dialog. Viele Hinweise von innen sind durchaus hilfreich für mein Leben. Sie lassen mich Situationen unterschiedlich wahrnehmen, sie stärken und unterstützen mich. Viele Ideen entstehen und es tun sich Perspektiven auf. Daher ist es für mich gut, dass sie da sind und dass wir diesen Weg des inneren Dialogs gefunden haben.

Und? Wie sieht es mit deinen inneren Stimmen aus? Hast du sie angenommen und sprecht ihr wohlwollend miteinander? Oder stehst du noch im Kampf und diskutierst bis zum bitteren Ende? Übrigens passt auch hier der Spruch »Willst du recht haben oder glücklich sein?«. Es ist für mich durchaus okay, die Meinung einer inneren Stimme zu akzeptieren und im Raum stehen zu lassen. Das erspart einiges an Liebesmüh und Lebensenergie.

Wichtig ist mir nur, dass wir unserem Weg treu bleiben und folgen, auch wenn die inneren Stimmen ihr Veto einlegen. Es ist vielversprechend, wenn wir den Einfluss unserer inneren Stimmen steuern. Wenn wir für uns ausmachen können, welche Anmerkung wohlwollend und zielführend ist, sodass wir dieser bedenkenlos folgen, ist das stärkend. Gleichzeitig ist es wichtig zu erkennen, wann unsere inneren Stimmen übertreiben und uns eher behindern oder zerstören. Dann gilt es, den Dialog in eine andere Richtung zu lenken oder im Zweifelsfall die Stimme zu ignorieren.

Ich wünsche dir viel Freude bei der Gestaltung deines inneren Dialogs. Probiere es aus und begegne deinen inneren Kritikern mit Wohlwollen und Offenheit. Ich bin mir sicher, du wirst erstaunt sein, wie sich eure Gespräche zukünftig wandeln und welche Ergebnisse ihr gemeinsam erzielen könnt.

11   Liebe und lebe lebendig

Für mich ist es wunderbar, das Leben lebendig zu gestalten. Etwas verrückt sein ist doch ganz normal, oder? Freude leben, lachen, tanzen, singen oder auch mal durch die Gegend hüpfen ist so wohltuend. Es bringt Leichtigkeit und Lebensfreude in jeden Moment. Da ist es mir ganz gleich, was andere Menschen denken, wenn ich im Supermarkt mal ein Lied mitpfeife oder leicht tanzend durch die Reihen laufe. Ich nutze den Moment und das empfehle ich auch dir.

Jeder ist seines Glückes Schmied und das beginnt für mich schon dabei, wie lebendig ich meinen Tag gestalte. Ja, natürlich sind wir immer mal müde und gehetzt. Was hindert uns daran, dennoch die Musik laut aufzudrehen, herzhaft zu lachen oder zu tanzen? Ich habe erlebt, dass diese kleinen freudigen Momente so enorm viel Energie freisetzen. Das ist faszinierend. Und vor allem ist es für mich ein wunderbares Mittel, mich aus Stimmungstiefs oder Energieknicks schnell wieder herauszuholen.

Im Kapitel »Wie ich liebe« bin ich auf meinen Weg schon detaillierter eingegangen. Hier möchte ich dir Beispiele geben, wie du lebendig leben kannst. Letztendlich ist es durchaus typabhängig, wie viel Energie und Lebensfreude du in dein Leben einbringen möchtest. Zudem kann das, was dir Freude bereitet, ganz anders aussehen als bei mir. Während ich Lebendigkeit mit Bewegung, Abwechslung und Begegnungen verbinde, ist für dich vielleicht ein lebendiger Moment, wenn du bei einer heißen Tasse Tee und einem guten Buch dein Da-Sein vollends spürst oder wenn du an einem kalten Tag am Lagerfeuer stehst und in die Sterne schaust. Jeder darf für sich herausfinden, was ihm Lebendigkeit schenkt. Was den Tag und das Leben bereichert und somit für mehr Erfüllung und Zufriedenheit sorgt. Da gibt es weder Regeln noch Normen, nur du setzt deinen Maßstab.

Wer entscheidet eigentlich, ob wir »verrückt« oder »normal« sind?

Ich mag da gern mein Lieblingszitat aus meinem Buch »JA! Leben DARF leicht sein!« wiederholen:

> *»Normal ist eine Illusion, Liebling. Was für eine*
> *Spinne normal ist, ist für eine Fliege eine*
> *Katastrophe.«*
>
> (Aus dem Musical »Addams Family«)

Sprich, wenn du für dich entscheidest, dass Lebendigkeit zu deinem Leben gehört und sie darin Ausdruck findet, dass du morgens auf dem Balkon stehst und rufst: »Ich umarme die Welt«, dann ist das für dich normal. Ganz gleich, was die Nachbarn denken mögen. Alles, was dich inspiriert, motiviert und begeistert, ist geeignet, um dein Leben lebendiger und reicher zu gestalten. Echte Verrücktheit ist schön. Einige wählen jedoch ein lautes, verrücktes Auftreten auch, um aufzufallen oder Defizite zu verdecken. Hier gilt es zu unterscheiden und die echte Lebendigkeit zu erkennen.

Für mich ist es so wichtig, hier und jetzt dafür zu sorgen, dass mein Leben lebendig verläuft. Vielleicht habe ich nur das eine und wer weiß, wie lange ich es erleben darf. Bis zur Rente zu warten, um dann mit dem Leben anzufangen, ist für mich keine Option.

Zum einen ist unklar, ob ich sie erreichen werde, und zum anderen habe ich heute die Kraft und Energie für viele Dinge. Das wird sich im Alter unweigerlich ändern. Ich lebe jetzt und nur diesen Moment kann ich gestalten. Wozu die Jahre verschenken, wenn ich doch heute schon lebendig leben kann?

Nimm die alltäglichen kleinen Freuden wahr. Ich bin mir sicher, es gibt auch in deinem Leben davon ganz, ganz viele. Lass einmal den heutigen Tag Revue passieren. Du bist in einem warmen, kuscheligen Bett aufgewacht. Zum Frühstück gab es einen duftenden Kaffee oder einen heißen Tee. Auf dem Weg zur Arbeit, zur Schule oder beim Einkaufen hat dich jemand mit einem Lächeln begrüßt. Es ist was zu essen in deinem Kühlschrank. Im Radio läuft schöne Musik. Du entspannst am Abend in deinem gemütlichen Wohnzimmer und etwas später wartet wieder dein kuscheliges Bett auf dich. Ganz gleich, wie deine Lebensumstände sind, wie es dir geht und was du erlebt hast – diese Momente der Freude teilen wohl nahezu alle Menschen miteinander, die in der westlichen Welt in Frieden leben. Diese schlichten alltäglichen Dinge sind es, die dir bereits jeden Tag Freude bereiten können, wenn du sie wahrnimmst. Dass dieses Leben alles andere als selbstverständlich ist, erfährst du, wenn du einmal die Nachrichten schaust. Vielen Menschen bleiben unsere alltäglichen, oft übersehenen Freuden verwehrt.

Ich liebe es, zu schaukeln. Freude und Spaß für jeden Tag!

Wenn du mal genauer sehen möchtest, wie viel Freude in deinem Leben existiert, dann mach eine Strichliste der Freude. Für jeden guten Moment, jede kleine oder große Freude und selbst für die Vorfreude gibt es einen Strich. Ich bin mir ziemlich sicher, dass da am Ende des Tages einiges zusammenkommen wird. Natürlich gibt es auch die großen, magi-

schen Momente, die uns unendlich viel Freude bereiten. Ein lang ersehnter Urlaub, ein Kind, der Traum-
partner. Halte die Augen offen und nimm die kleinen
Freuden wahr. Denn letztendlich macht die Summe
aller Freuden unser Glück aus.

Um wieder zurückzukommen auf das lebendige
Leben: Ja, wir dürfen verrückt sein bzw. uns unsere
eigene Normalität erschaffen. Wobei ich lieber bei
dem Wort »verrückt« bleibe, denn es klingt für mich
lebendiger als »normal«. Schließlich lässt es zu, dass
wir unsere Blickwinkel und Ansichten »ver-rücken«.
Dass wir jeden Tag neu entscheiden können, was uns
guttut und was uns Freude bereitet. Ein lebendiges
Leben kann durchaus kurvenreich verlaufen. Das
macht ja die Lebendigkeit aus. Sie erfordert Offenheit
für die Dinge, die das Leben bereithält. Mit dieser
Offenheit begegnen uns neue Menschen und neue
Möglichkeiten. Dabei ist es keinesfalls mein Ansin-
nen, dein oder mein bisheriges Leben komplett infrage zu stellen. Alles hat seine Zeit. Alles was war, hat
uns geprägt und zu dem gemacht, der wir sind. Daher hatten alle Situationen auch ihr Gutes. Wenn du
für dich entscheidest, dass dein Leben mehr Leben-

digkeit vertragen kann, dann ist das unabhängig von einer grundsätzlichen Bewertung deiner Vergangenheit. Im Gegensatz zu manch anderem Buch ist es mein Anliegen, dir Ideen und Impulse zu geben, um im bestehenden Alltag Lebensfreude und Leichtigkeit stärker zu integrieren, anstatt dein Leben komplett umzukrempeln. Beides ist möglich, du entscheidest.

Offenheit und die Wahrnehmung eines jeden Moments sind Schlüssel zur Lebendigkeit. Mir ist vor allem wichtig, jede Gelegenheit zu nutzen, wenn sie da ist, anstatt abzuwarten. Denn wie oft verpassen wir den geeigneten Moment? Wie häufig übersehen wir wahrlich großartige Augenblicke? Mit dem Tunnelblick des Alltags bleiben viele schöne Dinge am Wegesrand unbeachtet. Versuch, deine Augen zu öffnen und wieder genauer hinzuschauen auf die wunderbaren Momente in deinem Leben. Sei offen für Wunder. Auch davon gibt es kleine und große in unserem Leben. Situationen, die für uns unerklärbar sind. Begegnungen, die rein »zu-fällig« genau im richtigen Moment unserem Leben einen Schubs geben. Ich bin mir sicher, jeder von uns wird einiges neu oder wiederentdecken, an dem wir uns erfreuen können.

Mir geht es sehr oft so, wenn ich durch die Gegend fahre. Dann sehe ich die faszinierenden Farben des Sonnenuntergangs, das Wolkenspiel, den Nebel, der die Berge umhüllt. Es klingt etwas nach kitschiger Romantik. Wann hast du deine Augen das letzte Mal für die Wunder der Natur geöffnet? Im Urlaub? Schalte den Autopiloten ab und erkenne die alltäglichen Besonderheiten. Schwuppdiwupp, schon hast du mehr Freude im Leben.

Wie wäre es mit einem kurzen Gespräch beim Warten auf den Zug? Vielleicht hat dein Nachbar spannende Geschichten zu erzählen. Etwas Smalltalk am Rande kann Lebensfreude bringen. Spaß macht das auch mit Kindern. Manche sind etwas zurückhaltend, andere freuen sich total, wenn man auf sie eingeht und sich für ihre Welt interessiert. Übrigens sind Kinder definitiv die Menschen, von denen wir uns Lebendigkeit abschauen können. Daher bin ich gern auf Spielplätzen unterwegs und probiere Rutsche, Schaukel oder Wippe aus. Mein Liebster schmunzelt häufig, wenn wir mit unserer Nichte unterwegs sind und er unsicher ist, ob wir nun ihret- oder meinetwegen das Kasperletheater besuchen. Hey, wir haben doch alle Eintritt bezahlt, oder?

Ähnlich ist es für mich bei Konzertbesuchen. Ich frage mich oft, wie frustrierend es für die Musiker sein mag, wenn niemand tanzt. Na ja, und da mir bei guter Musik ohnehin das Stillsitzen schwerfällt, er- öffne ich des Öfteren die Tanzfläche. Ich tanze super- gern, auch allein. In der Küche, auf dem Hof, in der Garage. Egal. Musik macht mich lebendig. Wenn du dir unter Leuten unsicher bist, dann tanze zu Hause für dich. Probiere es aus, lass dich gehen, spüre den Rhythmus. Damit kann ich richtig gut negative Ener- gie und Stimmung abschütteln. Ich bin mir sicher, dass auch dir das gelingt.

Eine solch lebendige Lebensweise führt natürlich ab und an auch zu ungewollter Sichtbarkeit und Aufmerksamkeit. Als ich einmal die Tanzfläche er- öffnete, nahm der Sänger das zum Anlass, für mich ein Ständchen zu singen. Wow. Das war ein sehr komisches und doch schönes Gefühl. Es hat meinen Mut bestätigt und es war schlichtweg ein schöner, unvergesslicher Moment.

Wunderbar ist es, wenn du einen ähnlich verrückten Partner an deiner Seite hast. Ich habe das passende Gegenstück gefunden. So kann es schon mal passieren, dass er »fensterlt« und von außen durchs Küchenfenster schaut. Vor kleinen Neckereien und gegenseitigen Streichen sind wir nie gefeit. Das ist so schön.

Die kindliche Neugier, Abenteuerlust und Lebensfreude auch im Erwachsenenalter zu erhalten, ist für mich ein weiterer Schlüssel für ein lebendiges, lebensfreudiges Leben. Kinder machen immer weiter, ganz gleich, wie oft sie hinfallen. Sie haben eine enorme Überzeugungskraft. Ihr Lachen vertreibt jede schlechte Laune und miese Stimmung. Vor allem kleine Kinder, die noch wenige negative Erfahrungen gemacht haben, sind sehr offen und vorbehaltlos. Sie zeigen dir ihre Zuneigung direkt. Ihre Meinung teilen sie ganz klar mit. Doch dabei sind sie weder berechnend noch verletzend. Es sind Kinder, die unvoreingenommen die Welt entdecken. Ab und an versetze ich mich gern in die Unwissenheit eines Kindes zurück. Dann kann ich in den Nachthimmel schauen, etwas Blinkendes sehen und für mich denken: »Ich weiß nicht, was das ist.« Unwissend und neugierig kommen ganz viele Ideen, was es sein könnte. Ein Ufo, ein Satellit, der Weihnachtsmann auf der Überholspur. ;-) Sein Wissen hintenanzustellen und sich offen dem Leben zu stellen kann sehr erfrischend und inspirierend sein.

Ich könnte sicher noch viel mehr Beispiele bringen, wie ich meine Tage lebendig gestalte. Vermutlich hätten auch viele Menschen an meiner Seite passende Anekdoten dazu beizutragen. Für mich sind Lebensfreude und Lebendigkeit das Lebenselixier. Lachen so oft es geht, Freude leben und geben, wann immer es möglich ist, tanzen und singen, als würde man die Sonne zum Lachen bringen wollen, mit offenen Augen und offenem Herzen die Schönheit der Welt annehmen. Zurückhaltung ist in diesem Fall unnötig. Lass deiner Lebendigkeit freie Bahn. Wenn sie echt ist, wird sie ansteckend wirken und Menschen begeistern. Ich wünsche dir, dass du deinen Weg der Lebendigkeit findest. Dass du das Leben weniger ernst nimmst, es stattdessen lebst und füllst mit Momenten der Freude und des Glücks.

12   Liebe darf sein

Ja, Liebe darf sein! Wer mag uns daran hindern, zu lieben? Und wer würde uns sagen können, wie stark Liebe sein darf oder wen wir lieben dürfen? Okay, ab und an haben Eltern etwas gegen gewisse Liebeleien. Das kann durchaus zu heftigen Diskussionen führen. Letztendlich steht ihre Sorge um dein Wohl dahinter, selbst wenn wir alle unsere eigenen Erfahrungen machen werden.

Jede von uns entscheidet selbst, wie viel Liebe sie in ihrem Leben zulassen möchte und wem sie ihre Liebe schenkt. Wie im Kapitel »Liebe deinen Nächsten« beschrieben, beziehe ich beim Lieben alle Menschen und Lebewesen mit ein. Meinen Liebsten, meine Familie und meine Freunde liebe ich sehr, sie sind mir wichtig. Darüber hinaus möchte ich allen Wesen vorbehaltlos und liebevoll begegnen. Das ist es, was ich mit »Liebe darf sein« auch ausdrücken möchte.

Zurückhaltung ist dabei aus meiner Sicht unnötig. Denn Liebe wird nie weniger. Liebe verbreitet sich und vermehrt sich ganz von allein, je mehr wir sie verschenken. Wenn wir dabei bedingungslos vorgehen und ohne Erwartungen Liebe zulassen, dann sind wir auch vor Enttäuschungen recht gut geschützt. Und wiederum kommt in diesem Fall schneller und mehr zurück, als wenn ich an die Liebe eine Bedingung knüpfe. Öffne dein Herz und trau dich, deine Liebe zu verschenken. Es ist leichter, als du vielleicht im Moment denkst. Es wird dein Leben bereichern, da bin ich mir sicher.

Mir ist bewusst, dass viele Menschen und vielleicht auch du bereits sehr enttäuscht und verletzt wurden. So erging es auch mir. Ich hatte Menschen an meiner Seite, deren »ein und alles« ich war und die in ihrer freien Zeit sich mit anderen vergnügten. Oder Partner, die Angst hatten, mich zu verlieren, und so versuchten, mich durch Sprachgewandtheit und mentalen Druck in einem goldenen Käfig zu halten. Verbale Faustschläge durfte ich einige einstecken. Lieben ist auch ein Lernprozess. So habe ich es zumindest erlebt. Während ich als Teenie noch »unsterblich verliebt« war und die Betrügereien oder Trennungen mein Herz zerrissen haben, habe ich heute einen anderen Standpunkt erreicht. Mir ist bewusst, dass nichts und niemand auf ewig bleibt.

Mir ist klar, dass ich dankbar sein darf für jede Person, die mich eine Weile in meinem Leben begleitet. Jede hat eine Botschaft, eine Erfahrung und auch viele gute Erinnerungen, die sie mir mit auf den Weg gibt. Im Kapitel »Lieben und loslassen« gehe ich stärker auf dieses Thema ein. Mit dem Bewusstsein, dass alles kommt und geht, hat sich in mir eine andere Haltung entwickelt. Ich kann tief und innig lieben, mein Herz verschenken und ebenso loslassen. Eine wichtige Voraussetzung dafür ist, dass du dich selbst liebst und wertschätzt. Dass du dir selbst »genug« bist. Nur dann kannst du aus meiner Sicht bedingungslos lieben und bist besser geschützt vor weiteren Enttäuschungen und Verletzungen.

> *»Das Glück gehört denen, die sich selbst genügen. Denn alle äußeren Quellen des Glückes und Genusses sind, ihrer Natur nach, höchst unsicher, misslich, vergänglich und dem Zufall unterworfen.«*
> (Arthur Schopenhauer, 1788–1860, Autor, Hochschullehrer und deutscher Philosoph)

Ich bin überzeugt, dass wir Menschen für die Liebe gemacht sind. Wenn du dir und anderen aufgrund deiner Erfahrungen deine Liebe verwehrst, dann raubst du dir selbst Lebensenergie und Lebensfreude. Du denkst jetzt vielleicht: »Immer diese Schönrederei«, oder: »Wenn du wüsstest, was mir passiert ist.« Deine individuelle Geschichte ist mir unbekannt und ich möchte auch keine Dinge schönreden. Ich möchte nur gern deinen Blick auf das Hier und Jetzt richten, auf den heutigen Tag. Was war, ist unveränderbar. Doch wie du heute damit umgehst, wird deine Zukunft bestimmen, da bin ich mir sicher. Daher wünsche ich mir, dass du das Vertrauen wiedergewinnst und dich wieder öffnest für die Liebe in deinem Leben. Fang bei dir selbst an. Liebe dich und wertschätze dich, dein Leben, deine Charakterzüge, deine Eigenschaften, deine Augen, deinen Körper. Wenn du innerlich gut aufgestellt bist, wird es dir leichter fallen, deine Liebe auch nach außen zuzulassen.

Die Herzenswärme kommt von innen. Tauch einmal ein in dein Inneres und entdecke die Stille, Güte und das Wohlgefühl in dir. Ohne äußere Einflüsse wird es schnell ganz ruhig in uns und es entsteht ein wunderbares Gefühl der Geborgenheit. Liebe, Lebensfreude, Genuss sind wahrlich echt und dauerhaft, wenn sie von innen kommen. Und dann ist es leicht, dieses gute Gefühl auszustrahlen und zu teilen. Ich denke, es ist gewollt, dass es uns leichtfällt, Liebe zu geben. Wenn wir das innere Strahlen haben und glücklich durch die Straßen gehen, ist es unvermeidbar, diese positive Energie weiterzugeben. Sie ist da, die Aura, die Ausstrahlung. Sicherlich kennst du auch die eine oder andere Person, die wie ein Magnet wirkt und durch ihre Ausstrahlung fasziniert. Das ist das innere Strahlen. Wenn es da ist, geben wir unsere Liebe, unsere positive Energie ganz von allein weiter.

In diesem Sinne: Liebe darf sein! Niemand zwingt dich, aufgrund deiner Vergangenheit und deiner Erfahrungen der Liebe zu entsagen. Liebe wird mehr, wenn wir sie teilen, sie ist unerschöpflich. Liebe zu verschenken tut uns und den anderen gut. Lass es zu, es kann leicht sein.

13   Wut, Ärger, Trauer –
ein schlechter Tag

Nach all diesen Zeilen voller Liebe und Harmonie möchte ich dich einmal wieder auf den Boden der Tatsachen zurückholen. Natürlich gibt es auch bei mir schlechte Tage. Ich bin durchaus mal wütend, ärgere mich über Dinge oder Mitmenschen oder trauere um den Verlust liebenswerter Geschöpfe. Auch ich habe schlechte Tage, an denen mir die Harmonie flöten geht und eine gewaltfreie verbale Kommunikation nur bedingt gelingt. Dann bin ich mürrisch, kratzbürstig, kurz angebunden oder melancholisch. Solche Tage sind ganz normal und gehören zum Leben dazu. Würden sie uns fehlen, wüssten wir die guten wohl kaum zu schätzen. Ja, jeder darf sich mal schlecht fühlen und sich so richtig ausschütten. Ich vermute, niemand von uns, und sei er noch so positiv aufgestellt und in sich gefestigt, ist davor gefeit, auch mal verletzt oder enttäuscht zu werden. Das Vertrauen ins Leben und in die Menschen um uns herum birgt auch die Gefahr, dass unsere wohlwollende Haltung ausgenutzt wird und es so durchaus zu Rückschlägen kommen kann.

Jeder von uns hat seine Erfahrungen gemacht und es kann immer Momente geben, in denen der kaum noch sichtbare Knopf gedrückt wird, der in uns ein schon vergessen und verarbeitet geglaubtes Ereignis binnen Sekunden wiederbelebt. Bei mir ist es das Thema Hausarbeit. Ich bin keine leidenschaftliche Hausfrau, war ich noch nie. Es gibt so viele schönere Dinge zu tun, als Staub zu putzen oder Wäsche zu machen. Natürlich sehe ich zu, dass ich die Wohnung einigermaßen in Ordnung halte, allerdings eben nach meinen Prioritäten und Standards. Daraus mache ich keinen Hehl, meine Mitmenschen und insbesondere mein Liebster wissen das. In der Vergangenheit war dieses Thema oft Brennpunkt in meinen Beziehungen. Obwohl ich meine, dass ich gut aufgestellt, in mir gefestigt bin und kaum noch Dinge persönlich nehme, können mich Aussagen zu diesem Thema schnell in einen Kampfmodus bringen. Dann werde ich giftig und bissig. Mittlerweile merke ich es früh genug, sodass ich die Messer eingeklappt in der Hosentasche lassen kann und relativ souverän die Situation verlasse. Doch innerlich bewegt mich dieses Thema nach wie vor.

Bei all diesen Dingen, die in uns Wut und Ärger oder Traurigkeit auslösen, ist es mir wichtig, dass wir sie annehmen. Wenn wir uns dagegen wehren und dagegen ankämpfen, wird die Situation eher unerträglicher. Der innere Kampf kostet Energie. Lassen wir Wut und Ärger freien Lauf, kann es uns im schlimmsten Fall Freundschaften oder Partnerschaften kosten.

Ich möchte hier weder Situationen verdrängen noch verschweigen. Es ist mir besonders wichtig, dass auch mein Partner, Freund oder Kollege erfährt, dass mir dieser Moment Unbehagen, Wut oder Trauer beschert hat. Um dies sinnvoll zu vermitteln und gegenseitiges Verständnis zu schaffen, ist es wichtig, erst einmal den Kampfmodus zu verlassen. Ich habe für mich festgestellt, dass ich oft erst einen Tag später die richtigen Worte finde, um eine solche Situation aufzulösen. Denn zuerst ist es meine Aufgabe, herauszufinden, was mich in der jeweiligen Situation genau berührt hat. Welche Aussage, welche Geste war der Auslöser für mein Unbehagen? Welche Gefühle tauchten auf und für welches unerfüllte Bedürfnis standen sie? Erst wenn ich hierzu meine Antworten gefunden habe, kann ich wirklich sinnvoll mit meinen Mitmenschen die Situation durchsprechen. Nur dann bleibe ich im Gespräch bei mir und bei meinen Empfindungen, ohne versehentlich in Vorwürfe abzurutschen. Tatsächlich waren solche Gespräche bisher immer erfolgreich. Sie wirkten zwar etwas staksig, da die Formulierungen wohl überlegt waren und so wenig locker-flockig über die Lippen kamen. So war ich konzentriert bei mir, konnte meine Sicht auf die Situation formulieren und wurde gehört. Es verlangt etwas Übung, die Methodik stammt aus der Gewaltfreien Kommunikation nach Marshall B. Rosenberg, doch diese Art der Kommunikation ist hilfreich in Krisensituationen.

Die Situationen erst einmal anzunehmen, wie sie sind, und die dazugehörigen Gefühle zuzulassen, ist für mich der wichtigste Schritt, um mit Wut, Ärger und Trauer umzugehen. Auch mir fällt das oft schwer. Es hat sich für mich bisher bestätigt, dass es effizienter ist, die negativen Emotionen anzunehmen, anstatt gegen sie anzukämpfen.

Die aufkommenden Gefühle zuzulassen, ist wichtig. Zwar nehme ich mir nur selten die Zeit, genauer hinzuschauen. Wenn ein Gefühl allerdings zu sehr bohrt und nervt, dann gehe ich diesem auch auf den Grund. Dann spüre ich in mich hinein, wo das Gefühl gerade sitzt, was es ausgelöst haben könnte und was es mir sagen möchte. Ich lasse das Gefühl zu, werde mal kurz zum wütenden Rumpelstilzchen oder lasse die Tränen kullern. Danach ist es meistens schon wieder gut. Die Situation ist abgeschwächt und weniger belastend für mich. Als würde es wie eine Reinigung wirken, wenn man für einen Moment den Gefühlen freien Lauf lässt. Ich sehe allerdings zu, dass ich das mache, wenn ich allein bin. Denn ansonsten laufen wir schnell Gefahr, wie oben beschrieben, in Konflikte zu geraten, weil wir unbewusst und vorwurfsvoll agieren.

> *»Das ärgerliche am Ärger ist, dass man sich schadet, ohne anderen zu nutzen.«*
> (Kurt Tucholsky, 1890–1935, dt. Schriftsteller)

Erlaub dir ruhig, in all diesen Situationen zu fühlen. Ein schlechter Tag ist völlig in Ordnung. Bei mir werden ungute Gefühle schon mal durch Zyklus und

Mond hervorgerufen oder durch Koffein. Ich habe festgestellt, dass ich schlecht schlafe und dummes Zeug träume, wenn ich echten Kaffee trinke. Daher versuche ich das mittlerweile zu vermeiden. Es gibt viele Dinge, die unsere Emotionen und Laune beeinflussen. Manche haben Hand und Fuß und möchten ernst genommen werden. Andere sind recht willkürlich ohne echten Anlass und die können wir getrost außer Acht lassen. Das zu erkennen ist allerdings eine Herausforderung.

Wenn wir uns intensiver mit diesen Situationen beschäftigen, dann werden wir immer schneller herausfinden, welche Gefühle gerade eine echte Botschaft übermitteln. Wie ich auch im Kapitel »Die inneren Stimmen« beschreibe, möchte uns unsere Intuition häufig etwas mitteilen. Ein Beispiel aus meinem Leben: In Gesprächen mit meiner Mutter, wenn sie gut gemeinte Ratschläge hat, wie ich mein Leben gestalten möge, oder wenn ich mal wieder höre, dass ich mir mehr Ruhe gönnen darf, wird es oft unruhig in mir. Früher haben mich diese Aussagen schnell gereizt und ich habe genervt reagiert, doch mittlerweile kann ich ihre Sicht der Dinge besser nachvollziehen. Ich weiß, dass meine Mutter aus Fürsorge und Liebe versucht, mich vor Schaden zu bewahren. Und ich weiß, dass ich auf mich selbst aufpassen kann. Mein Bedürfnis nach Freiheit und Selbstbestimmtheit ist groß und so habe ich früher häufig abwehrend reagiert und gegen die guten Absichten meiner Mutter angekämpft. Diesen Stress versuche ich uns beiden zu ersparen, indem ich ihre Bedürfnisse anerkenne und dennoch mein Leben selbst gestalte. Es ist durchaus möglich, die andere Meinung schlichtweg zu akzeptieren, ohne seine eigene zu ändern. Für mich ist das wichtig, denn ich wünsche mir Harmonie in der Zeit, die uns noch bleibt.

Letztendlich ist es deine Entscheidung, wie du mit Wut, Ärger oder Trauer umgehst. Du kannst wählen, wie stark du dich von den jeweiligen Situationen belasten lässt. Ob du dich tagelang ärgerst, die Situation immer wieder aufs Neue durchspielst und somit lebendig hältst oder ob du sie annimmst, deinen Frieden findest und so schneller wieder in einen lebensbejahenden, lebensfrohen Modus kommst. Ein kleines Beispiel: Neulich hat meine Hündin mich nachts auf Trab gehalten. Warum auch immer, irgendwas hat sie gestört. So war die ohnehin schon kurze Nacht noch kürzer. Ich hätte mich morgens ärgern können und wäre so mit schlechter Laune in den Tag gestartet. Zu wenig geschlafen, müde und mürrisch. Das passt. Stattdessen habe ich mich gefreut auf das, was der Tag wohl bringen wird. Es lief »Country Roads« im Radio und ich sang fröhlich mit. Ich habe über mich selbst geschmunzelt, doch so bin ich mit einem guten Gefühl in den Tag gestartet.

Es ist unsere Entscheidung! Sicherlich ist es Übungssache, wie schnell man aus den belastenden Situationen herauskommt. Für das Training sind die alltäglichen kleinen »Ärgernisse« ideal. So lässt sich eine Grundhaltung einstudieren, die uns aus meiner Erfahrung auch bei größeren Herausforderungen helfen kann, gelassen und freudig zu bleiben. Generell ist mir wichtig zu betonen, dass du weißt, dass du eine Wahl hast. Nur so können wir uns aus manch einer Leidens-Dauerschleife selbst befreien. Indem wir wählen, das Geschehene anzunehmen, daraus zu lernen und es dann ruhen zu lassen. Dabei wünsche ich dir gutes Gelingen.

14   Zu gut für diese Welt

Wie oft hören oder sagen wir, dass eine bestimmte Person zu gut ist für diese Welt? Was ist das nur für eine eigenartige Aussage? Es klingt fast, als wäre unsere Welt zu wertlos, als dass es sich lohnen würde, hier unser Bestes zu geben. Wir haben nur diese eine Welt und vielleicht auch nur dieses eine Leben. Wieso wollen wir uns mit Mittelmaß zufriedengeben? Ich fände es viel schöner, wenn jede von uns ihre Stärken herausfindet und sie für eine starke Gemeinschaft einsetzt. »Gut« sein ist eine ganz individuelle Definition. Jede wird ihre eigenen Vorstellungen haben, von einem guten, reichen Leben. So werden die Lebensmodelle unterschiedlich aussehen. Mir ist dabei wichtig, dass wir geben, was uns zur Verfügung steht. Dass wir uns einbringen mit unserem Können und unserem Wissen, um die Welt noch etwas schöner, menschenfreundlicher, lebens- und liebenswerter zu machen.

Zu gut ist da kaum möglich. Wir können positive Gedanken verbreiten, mit unserem Handeln zum Wohle anderer beitragen und jeden Tag ein klein wenig heller machen. Dazu braucht es oft nur wenig. Ein Lächeln, ein freundliches Wort, eine herzliche Umarmung. Das Wohlwollende verbreitet sich automatisch. Es vermehrt sich, je mehr wir es weitergeben. Daher ist es mir wichtig, ein gutes Vorbild zu sein. Ich möchte ungern Dinge schreiben und sagen, die ich selbst umgehe. Im Gegenteil. Morgens wird mein Liebster mit einem Lächeln und einer herzlichen Umarmung begrüßt. Ganz gleich, wie müde ich bin und wie verschlafen er noch sein mag. Vielleicht sind diese Momente manchmal anstrengend für mein Gegenüber. Doch bisher habe ich es noch immer geschafft, ihm schon am frühen Morgen ein Lächeln ins Gesicht zu zaubern. Das ist für mich ein guter Start in den Tag. Und so geht es dann auch weiter. Ich bedanke mich gern, ich spreche gern Anerkennung und Wertschätzung aus. Warum sollte ich diese stärkenden Gedanken für mich behalten? Raus damit, nur so können sie sich verbreiten und abfärben.

Ich bin definitiv bereit, lieber lebensbejahend und wohlwollend zu denken, als mich abzuschotten und in ein Schneckenhaus zu verkriechen. Ich vermeide hier gerade ganz bewusst den Ausdruck »positiv denken«. Denn dieser ist für mich mittlerweile etwas negativ besetzt. »Positives Denken« wird häufig mit Schönrederei, Rosa-Wattebausch-Mentalität und unrealistischen Fantasiewelten gleichgesetzt. Auch wenn ich fest an das Universum und seine Gesetze glaube, so weiß ich, dass wir es sind, deren Handeln das Ergebnis bestimmt. Allein darauf zu warten, dass alles gut wird, ist unzureichend. Wenn ich lebensbejahend unterwegs bin, dann sehe ich klar alle Höhen und Tiefen des Tages. Ich sehe die Ereignisse und bin mir bewusst, dass das Leben auch eine große Schattenseite hat. Dennoch kann ich es annehmen, lebensbejahend denken und somit auch in miesen Situationen Lichtblicke finden. Das ist sicherlich eine Herausforderung, doch sie ist es mir wert. Für mich ist es bereichernd, wenn ich möglichst viele gute Gefühle in meinen Tag bringe. Wenn ich möglichst viele Momente lebendig und bunt gestalte und somit mein Dasein erfüllt verbringe. Ich befürchte, dass ich eher etwas verpassen würde, wenn ich anders dächte. Enttäuschungen und Verletzungen, die es auf diesem lebensbejahenden Weg immer mal wieder gibt, nehme ich gern in Kauf. Dafür darf ich »gut« sein, darf

meine Freude, mein Lächeln, meine Liebe weitergeben und verbreiten. Das ist wundervoll. Es bewirkt
so viel bei den Menschen, denen ich begegne oder die
auch nur meine Zeilen lesen.

Daher, zu gut für diese Welt zu sein, ist aus meiner Sicht unmöglich. Trau dich ruhig, etwas mehr
von dir zu geben. Vertraue auf deine Stärken und
schau mal, wie deine Mitmenschen darauf reagieren,
wenn du diese wohlwollend einsetzt. Wie fühlt sich
das an? Was bekommst du dafür zurück? Versuche,
möglichst ohne Erwartungshaltung ganz bedingungslos zu geben. Oftmals zahlen sich wohlwollende Handlungen erst später aus. Du weißt nie, wann
der Gute-Tat-Bumerang zu dir zurückkehrt. Wie
schon eine Freundin sagte: »Es gibt eine Delle im
Universum, wenn du etwas Gutes tust.« Dieses Bild
finde ich wunderbar. Mit jeder guten Tat gibt es eine
Delle, es wird etwas in Bewegung gesetzt, schwingt
weiter, breitet sich aus und kommt eines Tages zu dir
zurück. Ich freue mich, wenn auch du zukünftig gern
»zu gut« für diese Welt bist.

Die alte Eiche – Teil II

»Was meinst du damit, die Menschen haben verlernt zu sehen?«, fragte Mia zaghaft und mit einem unruhigen Blick nach links und rechts. Denn so ganz traute sie ihren Ohren noch nicht und vermutete einen Streich.

»Beruhige dich«, sprach die Stimme, »wir sind unter uns. Du kannst dich entspannen.« Als sollte es die Worte des Baumes unterstreichen, kam ein kleiner Windhauch und ein Blatt segelte hinab in Mias Schoß. »Menschen haben verlernt, die Wunder zu sehen«, raunte die Stimme. »Sie haben verlernt, sich über Kleinigkeiten zu freuen, stolz zu sein auf ihr Erschaffenes und dankbar zu sein für ihr Leben. Sie haben verlernt, ihre Mitmenschen als Ebenbild zu sehen, als ihr eigenes Fleisch und Blut. Stattdessen werden seit Jahrhunderten Kriege aus Habgier oder Machthunger geführt. Menschen glauben, sie seien so schlau und dabei sind sie die einzige Spezies auf der Welt, die sich eines Tages selbst ausrotten wird.«

Mia holte tief Luft. Harte, klare Worte, die einen Großteil der Gesellschaft so treffend beschrieben. Doch sie war anders. Und sie kannte einige Menschen, die auch anders dachten. Die es schafften, in ihrem Umfeld Freude und

Liebe zu verbreiten, Menschen mit Respekt zu begegnen und denen Habgier oder Machthunger völlig fremd waren.

»Es gibt Menschen, die anders denken«, sagte Mia.

»Ja«, erwiderte der Baum, »die gab es schon immer. Ihr zitiert häufig die Philosophen, Dichter und Denker der letzten Jahrhunderte und Jahrtausende. Da waren schlaue Leute dabei.« Das Laub in der Baumkrone raschelte, fast klang es wie ein leises Lachen. Doch Mia wollte mehr erfahren.

»Woher weißt du so viel von uns? Und was hat dich zu deiner Meinung gebracht?« Jetzt lachte der Baum tatsächlich leise. »Oh, ich habe dein Interesse geweckt. Das freut mich«, sprach die Stimme. »Einiges habt ihr mir selbst erzählt. Du bist nicht die Einzige, die sich an meinen Stamm lehnt und hier draußen in der Natur ihr Herz ausschüttet. Das machen Menschen schon seit Jahrhunderten, seit ich eine ansehnliche Größe erreicht habe. Andere Dinge werden mir beispielsweise von den Vögeln erzählt. Auch wenn es in der Natur oft ums Fressen-oder-gefressen-Werden geht, so sind wir dennoch eine Gemeinschaft, unterstützen uns gegenseitig und halten zusammen. Nur so funktioniert das Leben dauerhaft.«

Mia war wieder etwas schwummrig. Ihre Gedanken kreisten. Sie hatte unendlich viele Fragen und sie überlegte, welche Informationen der Baum wohl noch für sie bereithielt. Sie holte tief Luft, schloss kurz die Augen, ging in sich. Dieser Moment der Stille, den sie sich immer mal zwischendurch gönnte, half ihr normalerweise, ihre Gedanken zu sortieren und den richtigen Weg vor sich zu sehen. An diesem Tag hatte sie damit Schwierigkeiten.

Und dann platzte sie mit der Frage heraus: »Denkst du, wir Menschen sind alle schlecht?«

Wieder raschelte das Laub in der Baumkrone. »Ihr Menschen denkt so oft in Gut und Schlecht, Richtig und Falsch, Lieb und Böse. Wie kommt das nur? Denkst du, wir Bäume untereinander vergleichen uns? Wer hat den dicksten Stamm, wer die schönsten Blätter und welcher Baum wirft den größten Schatten? Absurd. Es ist uns auch egal, was andere von uns denken. Wenn sich Vögel bei uns ein Nest bauen und ihre Jungen bei den ersten Ausflügen alles vollkacken, dann ärgert sich darüber kein Baum. Weißt du, was besonders verwirrend ist? Während ihr Menschen euch so stark vergleicht, Schönheitswettbewerbe veranstaltet und ungern altert, liebt ihr uns alte, knorrige Bäume. Ihr habt Ehrfurcht vor uns. Viele der alten Bäume stehen unter strengem Schutz, sie sind »Naturdenkmale« und dadurch besonders wertvoll. Doch es gibt noch mehr Beispiele, als nur die Bäume. Schaut euch an, wie ihr euch um eure alten Haustiere kümmert. Für Hund, Katze oder Pferd wird alles getan, um noch möglichst viel schöne Zeit miteinander zu verbringen. Die Alten eurer eigenen Art schiebt ihr ab ins Heim oder belächelt sie, weil ihr Gedächtnis nachlässt und sie unbeholfener werden.«

»Puh, du sprichst mir aus der Seele«, hauchte Mia. »Es ist erschreckend und traurig, mit wie wenig Respekt wir uns häufig gegeneinander begegnen.«

Einen kurzen Moment war es still zwischen den beiden. Mia lauschte dem Wind, der im Gras raschelte, sie hörte die Vögel zwitschern und spürte die Sonnenstrahlen in ihrem Gesicht. Sie atmete tief durch und freute sich über diesen wunderbaren Moment. Sie spürte die Rinde des Baumes an ihrem Rücken, seine Stärke, seine beruhigende Standhaftigkeit.

15 Lebensbejahend leben ist eine Herausforderung

Wie schon öfter zwischen den Zeilen angemerkt, sehe ich das lebensbejahende Leben als große Herausforderung an. Es erfordert einiges an Selbstdisziplin und Rückgrat, um diesen Weg bei allem Gegenwind beizubehalten. Denn die Verlockung, die Verantwortung abzugeben und sich in eine Opferrolle zu begeben, ist durchaus groß. Wie verlockend wäre es, stets zu sagen, dass die anderen Menschen, das Leben oder das Universum uns übel mitspielen? Verantwortung abgeben, Entscheidungen vermeiden und, statt selbst zu handeln, als Marionette durchs Leben gehen kann ein Lebensweg sein. Das ist deine Entscheidung. Ich wähle für mich definitiv einen anderen Weg.

Ja, selbst Verantwortung zu übernehmen für das, was uns im Leben passiert, ist alles andere als leicht. Es gibt genügend Momente und Ereignisse, in denen es sich absolut unfair anfühlt und in denen wir uns zu Recht fragen dürfen, wieso das gerade uns passiert. Es gibt auch Umstände, die wir kaum verändern und deren Eintreten verhindern können. Generell glaube ich fest daran, dass unsere innere Einstellung uns überwiegend das Leben beschert, das wir für unsere Weiterentwicklung benötigen. Ein Gegenbeweis lässt sich nur schwer antreten, denn ich kann meine innere Haltung kaum für eine gewisse Zeit ins Negative wandeln, um zu sehen, was das Leben dann für mich bereithielte. Wenn du immer wieder mit unschönen Situationen in deinem Leben konfrontiert wirst, dann schau doch mal genauer hin, wie deine innere Erwartungshaltung dazu ist. Hast du es beispielsweise häufig mit anstrengenden Kollegen zu tun? Mit welcher Erwartungshaltung trittst du einem neuen Kollegen entgegen? Bist du innerlich bereits darauf eingestellt, dass er die Konfrontation suchen wird? Dann wird es vermutlich auch so kommen.

Das Umdenken ist immens schwer, dessen bin ich mir bewusst. Gerade, wenn man sein Leben lang immer wieder dieselben Erfahrungen gemacht hat, dann werden sie vielleicht auch auf die eigene Zukunft projiziert. Die selbsterfüllende Prophezeiung hat uns dann im Griff. Mein Tipp dazu: Versuche einmal ganz bewusst anders zu denken. Im ersten

Schritt ist es noch relativ unwichtig, dass du ernsthaft daran glaubst. Probiere, deine Gedanken zu verändern. Versuche dem neuen Kollegen vorbehaltlos und unbefangen gegenüberzutreten. Begegne ihm mit ehrlicher, freundlicher Offenheit und versuche, seine Handlungen neutral zu sehen, unabhängig von deinen Erfahrungen. Ich bin mir ziemlich sicher, dass sich nach und nach deine Erlebnisse verändern werden. Dann gewinnst du immer mehr Vertrauen in das andere Denken und kannst so langsam deine Zukunft neu schreiben.

> *»Wer glücklich ist, kann glücklich machen,*
> *wer's tut, vermehrt sein eignes Glück.«*
> (Johann Wilhelm Ludwig Gleim, 1719–1803,
> Dichter der Aufklärungszeit)

Allein dieses Beispiel zeigt schon, dass es eine Herausforderung und ein womöglich lebenslanger Lernprozess ist, das Leben lebensbejahend und selbstverantwortlich anzunehmen. Zumal wir durchaus sehr stark von außen beeinflusst werden. Negative Strömungen gibt es viele. Schau nur mal die Nachrichten oder lies die Schlagzeilen in den Zeitungen. Es macht manchmal den Eindruck, als würden

Journalisten heute den Grundsatz lernen: Nur schlechte Nachrichten sind gute Nachrichten. Entsprechend sieht momentan häufig die Berichterstattung aus. Oftmals überwiegen doch eher negative als gute Nachrichten. Selbst wenn es etwas Gutes zu berichten gibt, wird meistens noch etwas bemängelt. Extrem empfinde ich das häufig bei Fußball-Berichterstattungen. Unsere Nationalmannschaft kann noch so haushoch gewinnen, meistens gibt es etwas zu kritisieren. Gut ist selten gut genug. Diese Art der Kommunikation begegnet uns tagtäglich und überall. Wir sind so aufgewachsen, als Fehlersucher und Schwarzseher. Wer überwiegend positiv denkt, spricht und handelt, wird in unserer Gesellschaft schnell belächelt oder als wunderlich abgetan. Stellen sich dann Erfolge ein, gibt es Neider. Nur selten werden diese Erfolge tatsächlich dem betreffenden Menschen zugeordnet. Meistens werden dann andere Umstände genannt, die zum Gelingen geführt haben. Sprüche wie »Der hatte nur Glück«, »Der hat geerbt« oder »Dem wurde schon immer alles von seinen Eltern bezahlt« sind leider häufig Standard. Diese Menschen wollen deinen Erfolg kleinreden. Neid ist auch eine gewisse Art der Anerkennung. Nur du weißt es besser. Nur du allein weißt, was du für das Erreichen deiner Ziele getan hast, wie viel Arbeit, Zeit und schlaflose Nächte dahinterstehen. Erkenne dich selbst dafür an, wenn sich andere damit schwertun.

Damit das gut gelingt, ist es mir wichtig, dass du möglichst nichts persönlich nimmst. Gerade wenn wir eng emotional miteinander verbunden sind, ist das eine große Aufgabe. Egal was jemand zu dir sagt oder was er tut, es ist stets seine Wahrnehmung, seine Ansicht, seine Situation. Du bist vielleicht in dem Moment der Rammbock, den dieser Mensch braucht. Alle potenziellen Attacken oder Infragestellungen projizieren nur seine Haltung, seinen Mangel oder seine Erfahrungen auf dich. Es gibt da eine schöne bildhafte Beschreibung: Der Apfel auf einem Gemälde ist eben nur ein gemalter Apfel. So ist es auch, wenn Dinge persönlich gemeint sein könnten. Sie betreffen nur dein Spiegelbild, ohne dein Selbst anzugreifen.

Um lebensbejahend zufrieden leben zu können, sind ein neutraler Blick und eine objektive Haltung sehr wichtig. Wenn wir es schaffen, Dinge weniger persönlich zu nehmen und vorurteilsfrei auf andere zuzugehen, dann sind wir einen sehr großen Schritt vorangekommen. Denn dann prallen auch negative Strömungen von außen an uns ab. Dann können wir die unterschiedlichen Meinungen und Wahrnehmungen sehen und akzeptieren, ohne unsere Haltung infrage zu stellen.

Was mich zusätzlich öfter mal einschränkt und meinen lebensbejahenden Modus etwas ausbremst, sind Einflüsse der körperlichen Befindlichkeit. Müdigkeit ist ein absoluter Bremsblock, allerdings ist genügend Schlaf bei meinem lebendigen Leben eine weitere Herausforderung. Mir ist bewusst, dass ich, wenn ich müde bin, anfällig werde für negative Strömungen. Dann fällt es mir schwerer, dem Leben zu vertrauen und meine Entwicklung selbst in die Hand zu nehmen.

Ähnliche Auswirkungen haben auch gewisse Lebensmittel, wie das schon erwähnte Koffein. Und dann gibt es noch die Hormone und den Mond. Es gibt wirklich viele Dinge, die unsere Stimmung beeinträchtigen können und uns so etwas von unserem gewählten Lebensweg abbringen. Glücklicherweise bin ich stets schnell genervt von mir selbst, wenn ich mürrisch und missgelaunt bin. Dann suche ich nach der Ursache und finde meistens den einen oder anderen äußeren Einfluss. Dieser bleibt zwar bestehen, doch durch das bewusste Wahrnehmen fällt es mir leichter, meine Gedanken und meine Stimmung wieder in die passende Richtung auszurichten.

Ich nehme gern die Aufgabe an, mein Leben lebensbejahend zu gestalten. Für mich ist es der Weg, der meinem Leben einen Sinn gibt, der mich erfüllt und bereichert. Dadurch wird jeder Tag etwas Besonderes und somit werde ich sicherlich recht zufrieden gehen, wenn irgendwann der Zeitpunkt meines letzten Atemzugs gekommen ist. Jeder für sich entscheidet selbst, wie er sein Leben gestalten möchte. Mein Weg ist klar und vielleicht kann ich dir ein paar Gedanken mitgeben, die auch dir helfen, dein Leben in deinem Sinne auszurichten.

16 Magnetische Anziehungskraft des Herzens

Ich freue mich immer wieder, mit dir wunderlich-kreative Gedankengänge zu teilen. »Magnetische Anziehungskraft des Herzens« – was für ein Wortspiel! Tatsächlich habe ich sie gespürt und fühle sie immer wieder. Erstmals bin ich diesem Gefühl in der Phase meiner Veränderung, meiner Rückbesinnung auf meinen lebensbejahenden Lebensmodus begegnet (beschrieben in meinem ersten Buch »JA! Leben DARF leicht sein!«). Ich saß nach einem schönen, erfüllten Tag abends auf meinem Sofa. Das Feuer im Kamin brannte, mein Hund war bei mir und ich fühlte mich rundum wohl. Ich spürte mein Herz, als wäre es viel größer als sonst. Es war ein angenehmes, wärmendes Gefühl. Wie eine große Wärmflasche in der Brust. Und da kam mir der Gedanke »magnetische Anziehungskraft des Herzens«. Wenn die liebevolle Energie in deinem Inneren so groß wird, dass sie sich verbreitet und andere anzieht. Ich habe diesen Abend sehr genossen. Mit meiner Wortwahl habe ich das Gefühl für mich quasi konserviert und kann es sofort wieder spüren, wenn ich daran denke.

Leider lässt sich so ein Gefühl nur sehr schwer beschreiben, doch ich wünsche mir, dass du es erlebst. Für mich war dieser Moment magisch und er hat mir gezeigt, dass ich nur so leben möchte. Mit einem offenen Herzen, mit ganz viel Liebe, Vertrauen und Wohlgefühl. Dieser besondere Moment und dieses wunderschöne Gefühl sind wichtige Auslöser dafür gewesen, überhaupt Bücher zu schreiben. Denn ich wünsche mir, dass ganz viele Menschen diese bewegenden, friedvollen, freudvollen Momente erleben. Vielleicht können meine Zeilen ein wenig dazu beitragen und den Weg in die für dich geeignete Richtung öffnen.

Übrigens darf ich dieses Gefühl auch mit meinem Liebsten erleben. Während es früher Schmetterlinge im Bauch waren, spüre ich diese Emotion weiter oben, in der Brust, im Herzen. Bei einer intensiven Umarmung kommt es mir vor, als würden sich unsere Herzen magnetisch anziehen. Als würden sie sich gegenseitig mit Energie aufladen und irgendwie miteinander verbinden. Tatsächlich ist es ein ähnliches

Gefühl wie die Schmetterlinge im Bauch, nur eben im Herzen. Als würden die Herzklappen ordentlich drauflos flattern. Ich weiß, das klingt etwas schräg. Doch keine Sorge. Während ich diese Zeilen schreibe, ist es morgens kurz vor acht Uhr, die Sonne geht auf und ich habe weder Alkohol noch Drogen konsumiert. Diese Momente des tiefen, innigen, besonderen Spürens sind echt, auch wenn vielleicht nur ich sie fühlte. Mein Liebster konnte mit meiner Beschreibung wenig anfangen und spürte etwas anderes. So ist es oft im Leben. Alles, was wir empfinden, ist rein subjektiv. Dabei gibt es weder ein Besser noch ein Schlechter. Wie auch immer du fühlst, ist es okay. Und du wirst sicherlich deine eigene Definition für die »magnetische Anziehungskraft des Herzens« finden.

Was ich daran so spannend finde, ist, dass sich auch hier die Energie steigern lässt, je mehr wir es zulassen. Je stärker ich mein Herz öffne, je mehr ich mich auf dieses Gefühl einlasse, umso stärker wird es. Das ist mega, denn es fühlt sich irgendwann an, als würde das Herz gleich aus der Brust springen wollen. Für mich ist es so wertvoll, dass wir Gefühle bewusst beeinflussen und verstärken können. Ich spüre es jetzt auch wieder beim Schreiben dieser Zeilen, wie mich Freude, Wärme und Energie durchdringen. Herrlich! Probiere es aus! Ich kann es dir nur wärmstens empfehlen. Nimm dir dafür einen ruhigen Moment, etwas Zeit und lass es auf dich zukommen, ganz ohne Druck. Denk an einen wunderschönen Augenblick in deiner Vergangenheit oder stell dir deinen Traummoment vor. Horch in dich hinein, was in dir vorgeht. Wo fängt es an zu kribbeln? Wo entsteht ein warmes Gefühl? Wenn du dich darauf konzentrierst, wird es dann stärker? Wie fühlt es sich an, wenn es sich ausbreitet? Gibt es eine Farbe, die vor deinem inneren Auge erscheint? Bei mir ist es tatsächlich stets ein warmes Sonnengelb, das innerlich strahlt. Schau, was in dir vorgeht, wenn du dein Herz öffnest und dich dem Wunder des Augenblicks vollends hingibst. Ich bin sehr gespannt, was in dir entsteht. Vielleicht magst du es mir ja mitteilen.

17 Meinungsvielfalt für ein besseres Miteinander

Weil es mir sehr wichtig ist und ich immer noch auf zu viele Menschen treffe, die sich damit schwertun, widme ich der Meinungsvielfalt ein eigenes Kapitel. Ich finde es wunderbar, dass es viele verschiedene Meinungen gibt. Jeder Mensch hat seine Erfahrungen gemacht und aus verschiedenen Erlebnissen entwickelt sich sein Standpunkt zu einem bestimmten Thema. Seine Ansichten können einen neuen Blickwinkel auf eine bestimmte Situation eröffnen. Durch einen offenen und respektvollen Austausch können beide Seiten wunderbar voneinander lernen.

Leider gibt es immer noch Menschen, die unbedingt recht haben wollen. Sie streiten bis aufs Blut und beharren auf ihrer Meinung, ganz gleich, welche unterschiedlichen Wahrnehmungen oder Fakten es auch geben mag. Besonders befremdlich ist es für mich, wenn vermeintlich intelligente und weitsichtige Kontakte Informationen in den Social-Media-Kanälen völlig unreflektiert teilen. Sie tragen dazu bei, dass Angst und Missmut geschürt, Fakten verdreht oder Unwahrheiten verbreitet werden. Dabei lassen sie sich – vielleicht ungewollt – von Menschen vor den Karren spannen, die von einem regelrechten Vernichtungswillen beseelt sind. Mit gezielter Propaganda wurde bereits vor vielen Jahrzehnten die Masse beeinflusst mit katastrophalen Folgen. Durch die sozialen Medien ist das Streuen von Informationen viel leichter geworden, daher dürfen wir hier Obacht und Sorgfalt walten lassen.

Akzeptanz ist für mich ein wichtiger Schritt für mehr Harmonie, Ruhe und ein entspanntes Miteinander. Ich finde es völlig in Ordnung, andere Meinungen zu akzeptieren, ohne sie zu teilen. Was ist schon dabei? Schließlich sind Geschmäcker verschieden. Ob beim Essen, in der Mode, bei Musik oder Filmen – es gibt weder Richtig noch Falsch, weder Besser noch Schlechter. Viele Dinge, die mir weniger gefallen, haben irgendwo ihre Fangemeinde, und das ist gut so. Es ist ja niemand gezwungen, mitzumachen. Eine andere Meinung zu akzeptieren und damit unserem Gegenüber Respekt zu zollen, finde ich prima.

Es gibt den viel zitierten und auch von mir bereits verwendeten Spruch »Willst du recht haben oder glücklich sein?«. Darin liegt so viel Wahrheit. Viele Streits sind absolut überflüssig, weil eben tausend Wege nach Rom führen. Ob wir den Joghurt links oder rechts rumdrehen, die Hemden falten oder auf den Bügel hängen, das Wurstbrot mit oder ohne Butter essen oder die Waschmaschine morgens oder abends anstellen – alles ist gleichermaßen gut. Alles führt zum selben Ergebnis. Jeder Mensch hat seine Vorlieben und seine bevorzugten Handlungsformen. Warum wollen wir das ändern? Im Gegenteil, vielleicht entpuppt sich der ein oder andere Unterschied ja als besonders vorteilhaft und wir können voneinander lernen.

Hier geht es mir um die allgemeine Meinungsvielfalt. Natürlich gibt es auch Tatsachen, die zwar unterschiedlich betrachtet werden können, wobei jedoch die Fakten selbst unumstößlich sind. Ich denke dabei beispielsweise an schlimme Geschehnisse in der Vergangenheit, wie die Anschläge vom 11. September 2001 in New York oder den Anschlag auf den Berliner Weihnachtsmarkt 2016. Selbst bei vielen der

Schreckensnachrichten ist es wichtig, mehrere Meinungen zu hören und unterschiedliche Blickwinkel zuzulassen, um den Tatsachen auf die Spur zu kommen. Ich hinterfrage sehr gern in allen Lebenslagen. Mir ist es wichtig, verschiedene Sichtweisen zu verstehen, bevor ich mir eine Meinung bilde. Wie oben schon erwähnt, können wir nur zu mehr Liebe in unserem Leben beitragen, wenn wir darauf achten, welche Nachrichten wir teilen. Bewusst mit unserer Verantwortung umzugehen ist wichtig, da es eben Menschen gibt, die alles glauben. Daher gehört ein sensibler Umgang mit der Verbreitung von vermeintlichen Fakten und Informationen für mich zum Leben dazu.

Bezogen auf die alltäglichen Gespräche und Begegnungen ist es für mich durchaus wertvoll, andere Meinungen zuzulassen und zu hören. Unsere rein persönlichen Erfahrungen lassen uns Situationen, Aussagen und Handlungen völlig unterschiedlich wahrnehmen. Ich finde es spannend, wie facettenreich unsere Sichtweisen sind. Vielleicht werde ich mal ein Buch schreiben, in dem ich eine Situation aus den verschiedensten Blickwinkeln schildere. Einen

Film dazu habe ich vor längerer Zeit schon mal gesehen. Der Wechsel war etwas verwirrend, doch die verschiedenen Sichtweisen wurden deutlich gemacht.

Versuch einmal in Gesprächen die Meinungen anderer zuzulassen und zu hören. Schau einmal, auf welchen Hintergründen die jeweiligen Ansichten beruhen. Was haben die Menschen bereits erlebt, dass sie den Moment so einschätzen? Wenn wir die Hintergründe sehen, können wir andere Meinungen sicherlich schneller verstehen und vielleicht auch besser akzeptieren. Daher frag ruhig mal nach. Was ist es, was dich zu deiner Meinung bringt? Warst du schon einmal in einer solchen Situation und was ist da passiert? In diesem Falle ist unsere Sprache ein Segen, wenn wir sie dafür einsetzen, uns gegenseitig besser zu verstehen. Wir können voneinander lernen und gemeinsam wachsen. Meinungsvielfalt zuzulassen verhilft meines Erachtens zu einem wohlwollenden Miteinander.

18 Wenn es mal dumm läuft ...

Obwohl ich noch so gern offen, empathisch und liebevoll lebe und meinen Mitmenschen entsprechend begegnen möchte, so läuft es auch bei mir mal dumm.

Kürzlich kam in einer Situation mein empathisches Selbstbild ganz schön ins Schwanken. Ich war unterwegs mit Freundinnen und nach einem recht schönen Abend entwickelte sich eine kleine Diskussion rund um den Sinn des Lebens. Meine aus meiner Sicht eher neutralen Aussagen regten in meiner Gesprächspartnerin etwas an, sodass sie sich massiv verletzt fühlte. Das gab sie in einem Wutausbruch kund und der Abend hatte damit ein recht jähes Ende. Mir tat es unendlich leid, denn Menschen zu verletzen liegt mir fern. Doch die Worte waren ausgesprochen. Gemein ist gemein und lässt sich kaum in etwas Wohlwollendes umwandeln. Sofort sprangen meine inneren Kritiker an und hinterfragten meine kommunikativen und empathischen Fähigkeiten. Tatsächlich stellte ich kurz infrage, ob es überhaupt in Ordnung sei, dass ich dieses Buch schreibe. Oder ob ich darin eher Wasser predigen würde, um selbst Wein zu trinken. Die inneren Kritiker sprangen an und die »Wolfsshow«, wie im Rahmen der GFK dieses innerliche Selbstzerfleischen genannt wird, war recht lautstark. Ich mag keine Ungerechtigkeiten und bewusst möchte ich niemanden verletzen.

Während es in mir innerlich etwas unruhig war, ging ich im Kopf das Gespräch noch mal durch. Mir wurde schnell bewusst, was vermutlich der Auslöser war. In meinen Worten hatte ich unbewusst einen Vergleich eingebaut und dieser hatte vermutlich meine Gesprächspartnerin verletzt. Ich erkannte die Unzufriedenheit und Frustration meines Gegenübers und wusste, dass ich in dieser Situation zwar etwas empathischer hätte reagieren können, dass die Ursache der Verletzungen jedoch weniger bei mir zu suchen ist als in ihr selbst.

Wenn die Empathie fehlt, dann kann es schnell zu unschönen Diskussionen kommen. Dann gibt ein Wort das andere, Angriff führt zu Gegenangriff und schon hat man sich eine miese Suppe eingebrockt. So etwas passiert. Es kann auch mal dumm laufen in Alltagssituationen. Auch ich bin nur ein Mensch mit

Ecken, Kanten und Schwächen. Eine solche Situation ist ungewollt, doch letztendlich gehört sie zu meinem Lern- und Entwicklungsprozess dazu. Als solches habe ich sie für mich nun einsortiert.

Statt tagelang mit mir zu hadern – eine Nacht hat gereicht – habe ich die Situation für mich angenommen und akzeptiert. Hilfreich war dafür der Hinweis aus der GFK-Gruppe, einmal mit Selbstempathie zu schauen, warum ich wie reagiert habe. Was war meine Intention? Schnell war klar, ich wollte mein Gegenüber eigentlich mit meiner Aussage motivieren und ermutigen. Ich wollte sie darin bestärken, dass es in jeder Lebenssituation die Möglichkeit gibt, seinen Sinn des Lebens zu finden und ihn einzubringen. Wer dies wirklich möchte, findet Mittel und Wege. Daher war meine Intention durchaus gut gemeint. Doch, wie schon geschrieben, wenn es mal dumm läuft ... Ich habe einen wunden Punkt angesprochen. Mein Gegenüber pochte auf ihren Standpunkt und jegliche Argumente waren überflüssig. Durch ihre Erfahrungen und ihre Glaubenssätze war für sie das Positive weder greifbar noch sichtbar.

Es werden sicherlich noch weitere ähnliche Situationen kommen. Auf unserem Weg stoßen wir immer mal an unsere Grenzen, wenn Geduldsfäden reißen oder der Empathie-Akku mal zu wenig Ladung hat. Dann wird es unweigerlich ungewollte Gesprächsverläufe geben. Je achtsamer wir werden und je mehr wir uns in der empathischen Lebenshaltung üben, umso seltener werden diese Situationen sein. Es wird uns leichter fallen, schnell zu reagieren und ein Gespräch noch vor dem Kippen aufzufangen und die Verbindung zum Gegenüber zu halten. Bis dahin ist es für mich wichtig, solche Fehltritte anzunehmen, ohne mich und meinen Weg infrage zu stellen. Ich möchte daraus lernen, um weitere Situationen zu vermeiden. Alles das, was ich mit dir hier teile, lebe und beherzige ich auch. Ich gebe mein Bestes, um wohlwollend und lebensbejahend zu leben. Mir ist bewusst, dass ich mit meiner Strategie mal danebenliegen kann. Ich bleibe offen für Verbesserungen und arbeite weiter an mir, um meinen eigenen Ansprüchen zu genügen.

19 Neid, Missgunst, Unzufriedenheit

Ich bin bereits an verschiedenen Stellen im Buch darauf eingegangen, dass uns negative Strömungen von außen durchaus beeinflussen. Leider werden uns häufig eher Neid und Missgunst gelehrt, als sich mit jemandem über sein Glück zu freuen. Ich reagiere mittlerweile etwas allergisch auf die Aussage »Ich beneide dich«. Wie oft ist die zu hören? »Du fährst in den Urlaub? Oh, da beneide ich dich.« »Bei deinem Haus kann man ja nur neidisch werden.« »Was für ein Job, da kann man ja nur neidisch sein.«

Neid ist für mich sehr negativ behaftet, obwohl dieses Wort in unserem Sprachgebrauch häufig in vermeintlich guter Absicht verwendet wird. Die meisten Menschen, die sagen, sie seien neidisch, wollen damit keine Bosheit ausdrücken. Es ist wohl eher als Anerkennung gemeint. Ich wünschte mir inständig ein anderes Wort dafür. Ich habe schon vor Jahren begonnen, die Floskel »ich bin neidisch« zu ersetzen. Wenn ich von schönen Erlebnissen, Vorhaben oder Erfolgen meiner Freunde erfahre, dann freue ich mich mit ihnen und gönne es ihnen. Das fühlt sich für mich viel schöner und freundlicher an.

Denn aus meiner Sicht entsteht viel Übel auf dieser Welt aus Neid, Missgunst und Unzufriedenheit. Neid ist auch ein Ergebnis von Vergleichen. Der andere besitzt mehr oder erreicht mehr als ich. Schon entsteht Neid. Meine eigene Unzufriedenheit ist zu spüren und ich projiziere sie auf mein Gegenüber. Welchen Einfluss das im Kleinen und Großen auf unsere Gesellschaft hat, ist in den Medien tagtäglich zu sehen.

> *»Das Vergleichen ist das Ende Glücks und der Anfang der Unzufriedenheit.«*
> (Søren Kierkegaard, 1813–1855,
> dänischer Philosoph)

Doch wie kommt es, dass Neid so salonfähig ist? Ich denke, wir lernen es schon von Kindesbeinen an. Schauen wir beispielsweise mal auf heutige Kindergeburtstage oder eine Bescherung zu Weihnachten. Was bei einigen Kindern auf dem Gabentisch liegt, hätten meine Geschwister und ich uns in mehreren Jahren kaum erträumen lassen. Die Welt ist viel materialistischer geworden. Manche Eltern versuchen vielleicht, durch Geschenke und Großzügigkeit fehlende Zeit, Nähe oder Verbundenheit wettzumachen. Die Vergleiche untereinander, was es zum Geburtstag, zur Konfirmation oder zu Weihnachten gab, heizen den Wettbewerb noch an. In meiner Jugend wurde beispielsweise darüber diskutiert, wer wie viel Geld zur Konfirmation geschenkt bekommen hat. Ich kann mich erinnern, dass ich mich über meine Geschenke gefreut habe, ohne traurig darüber zu sein, dass andere mehr hatten. Anstatt sich im Sinne der Werbung »mein Haus, mein Auto, mein Garten« über materielle Größen zu definieren, ist es für mich viel schöner, das Glück des anderen anzuerkennen und mit meinem eigenen Sein zufrieden zu sein.

Der Gesellschaftsdruck ist hoch. Je nachdem, wie die Menschen um uns herum ticken, hat dies auf uns Einfluss. Ich überlege gerade, wie viele Menschen in meinem Umfeld materialistisch denken und sich über ihr Hab und Gut definieren. Tatsächlich sind es nur ganz wenige, und mit ihnen habe ich selten Kontakt. Sicherlich ist auch das ein wichtiger Grund, warum mir meine Denk- und Lebensweise so leichtfällt und ich sie als »normal« ansehe, obwohl es bei einigen Menschen anders aussieht. Wenn du deine Einstellung ändern möchtest, suche den Kontakt zu Gleichgesinnten und tausche dich mit ihnen aus. Versuche, vergleichenden Diskussionen aus dem Weg zu gehen und nimm Neidern ihre Kraft, indem du ihr Können, ihr Haben und ihren Erfolg wohlwollend anerkennst. Ich bin mir ziemlich sicher, dass sich das nach und nach überträgt.

Im Zusammenhang mit Neid, Missgunst und Unzufriedenheit kommt mir der Begriff »erlernte Hilflosigkeit«[4] in den Sinn. Ich kenne ihn in erster Linie aus dem Tierbereich, wenn beispielsweise Pferde sich nach genügend negativen Reizen ihrem Schicksal ergeben und »gelernt« haben, besser zu verharren als sich zu wehren. Der Psychologe Martin E. P. Seligmann prägte diesen Begriff bereits 1967 als Ausdruck für bestimmte Formen menschlicher Depressionen. Ich könnte mir vorstellen, dass wir auch in unserer Gesellschaft bezogen auf negative Strömungen, Neid

---

[4] Begriff aus der Psychologie, geprägt von Martin E. P. Seligmann 1967, der beschreibt, wie durch negative Erfahrungen Überzeugungen entwickelt werden und Menschen oder Tiere in Passivität verfallen. Siehe auch
https://de.wikipedia.org/wiki/Erlernte_Hilflosigkeit

und Missgunst oft in einer Art »erlernter Hilflosigkeit« verharren. Wenn wir niemanden in unserem Umfeld haben, der anders denkt, wenn wir immer und überall Neid und Missgunst begegnen und in erster Linie von unzufriedenen Menschen umgeben sind, dann sehen wir uns vermutlich kaum in der Lage, an dieser Situation etwas zu verändern. Wir leben mit unserer Unzufriedenheit, so wie alle anderen auch. Das Glück ist nur den Reichen vorbehalten.

Alles ist schlecht und überall sind unlösbare Probleme. Ein Teufelskreis, eine Abwärtsspirale, die ich gern mit meinen Zeilen durchbrechen möchte. Es geht auch anders. Es gibt Menschen, die lebensbejahend und wohlwollend leben. Es gibt ein Leben abseits von Neid, Missgunst und Unzufriedenheit, wenn wir es wollen.

Ein weiterer Faktor, der unsere Unzufriedenheit schürt, ist die Einsamkeit. Leider ist es in unserer schnelllebigen Zeit oft so, dass Menschen allein leben und soziale Kontakte abbrechen. Einsamkeit ist für mich eine echte Falle, denn sie zu überwinden kann durchaus schwierig sein. Es ist sogar möglich, in einer Partnerschaft einsam zu sein, wenn Nähe und

Verbindung verloren gegangen sind. Wenn du selbst ein Mensch bist, der sich oft einsam fühlt, dann nimm doch mal wieder Kontakt auf mit deinen alten Freunden. Aus meiner Erfahrung verlieren wir häufig den Anschluss, weil wir glauben, keine Zeit zu haben. Herrscht erst einmal eine Weile Funkstille, fühlt es sich eigenartig an, den ersten Schritt zu gehen. Ich bin mir sicher, du wirst eher auf Freude als auf Ablehnung stoßen. Beispielsweise hatten wir 2019 unser 25-jähriges Jahrgangstreffen unserer Schule. Die meisten von uns hatten wirklich 25 Jahre lang keinerlei Kontakt zueinander. Riesig war die Freude, dass ein Treffen angeschoben wurde. Das Wiedersehen war unbeschreiblich und alte Freundschaften waren von jetzt auf gleich intensiver denn je. Ich wünsche dir Mut, den ersten Schritt zu gehen und wieder Kontakt mit anderen aufzunehmen.

Wenn du hingegen jemanden kennst, der als Eigenbrötler lebt, sich gern ins Schneckenhaus zurückzieht und meistens allein sein will, dann such auch da behutsam den Kontakt. Natürlich lässt sich niemand zu seinem Glück zwingen und letztendlich entscheidet jeder selbst, wie er leben möchte.

Manchmal hilft ein wohlwollender Schubs und etwas liebevolle Hartnäckigkeit, um Menschen mehr Freude zu bereiten.

>> *Wann wird der Zankapfel endlich zur verbotenen Frucht erklärt?* <<
(Wieslaw Brudzinski, 1920–1996,
polnischer Schriftsteller und Satiriker)

Ein Leben in Neid, Missgunst und Unzufriedenheit wäre für mich verschenkte Lebenszeit. Ich bin überzeugt, dass es auch anders geht. Es würde mich freuen, wenn wir gemeinsam daran arbeiten, Neid, Missgunst und Unzufriedenheit in Freude, Entgegenkommen und Glück zu wandeln.

20 Zufriedenheit oder Besitz?

Ich begegne des Öfteren Menschen, die ihre Zufriedenheit an der Größe ihres Besitzes messen. Sie streben nach besonderen Dingen, einem neuen Auto, einem eigenen Haus, dem Smartphone der neuesten Generation. Statussymbole sind nach wie vor für einige wichtig, um ihren Wert zu definieren. Andere wiederum entsagen dem Konsum vollends. Sie leben ein einfaches Leben in kargen Umständen. Der Verzicht wird von ihnen oft als notwendig angesehen, um zum Glück oder zur Erfüllung zu finden. Es mag sein, dass sie ihren Frieden und ihre Zufriedenheit gefunden haben. Jede von uns hat ihre eigenen Vorstellungen und ihre eigene Sichtweise, was für sie bedeutend ist.

In welche Gesellschaft und in welche Lebensverhältnisse wir hineingeboren werden, ist durch uns unbeeinflussbar. Wurden wir in Deutschland geboren, haben wir bereits eine super Basis für ein zufriedenes Leben: eine gute soziale Absicherung, kostenfreie Bildung, medizinische Versorgung, Sicherheit und Lebensmittel im Überfluss. Wurden wir hingegen in ärmlichen Verhältnissen geboren oder in einem unsicheren Land, wären unsere Zukunftsaussichten deutlich weniger rosig. Und doch kommt es mir oft so vor, als lebten die zufriedeneren Menschen in den Ländern, in denen es weniger gibt.

Ich erinnere mich nur allzu gern an einen Abend in Wildemann Anfang der 1990er–Jahre, als eine ukrainische Folkloregruppe zu Gast war. Nach dem offiziellen Auftritt saßen wir mit den Organisatoren und der Gruppe noch zusammen. Plötzlich griffen die Musiker wieder zu ihren Instrumenten und spielten erneut für uns und für sich. Wir tanzten und verbrachten einen Abend voller Lebensfreude. Mir war bewusst, dass die Musiker, Tänzerinnen und Tänzer zu Hause in deutlich ärmeren Verhältnissen lebten als wir. Umso beeindruckender waren ihre Energie und ihre Leidenschaft, die sie mitbrachten. Etwas, was häufig unseren Mitmenschen fehlt.

Ich selbst bin sehr dankbar für meine Lebensumstände. Es ist für mich ein Glücksfall, in Deutschland geboren zu sein und hier in Sicherheit und Geborgenheit zu leben. Ich genieße den Komfort der heutigen Zeit und den kleinen Luxus, der mir das Leben erleichtert. Ein Auto, ein Haus, ein Geschirrspüler, ein Smartphone, das Internet, Einkaufen in verschiedenen Supermärkten oder Restaurants und Cafés, in denen ich eine schöne Zeit verbringe. Ich liebe Tiere und bin stolz auf unsere Hunde und unser Pferd. Mein Bruder lebt in Toronto und ab und an, leider zu selten, fliege ich nach Kanada. Mein Liebster und ich sind gern mit dem Motorrad unterwegs. Ja, ich lebe schon in gewisser Weise im Luxus. Um ihn mir leisten zu können, arbeite ich und verzichte an anderen Stellen. So bin ich keine Shopping-Queen und Kinobesuche haben Seltenheitswert. Ich freue mich über mein Leben, so wie ich es mir gestaltet habe, und ich bin jeden Tag dankbar dafür. Mir ist bewusst, dass dies alles andere als selbstverständlich ist. Und auch wenn es hier durch die Aufzählung fast so klingen könnte, meine Zufriedenheit und mein Glück sind unabhängig von meinem Hab und Gut. Es liegt mir fern, mich über meinen Besitz zu definieren oder ihn womöglich anderen gegenüber hervorzuheben, um mich zu profilieren. Das macht für mich den wesentlichen Unterschied.

Wenn du deinen Besitz als zusätzliches Bonbon in deinem Leben ansiehst und du dankbar bist für erfüllte Wünsche, dann wirst du Zufriedenheit spüren. Dann ruhst du in dir, bist mit dir und deinem Leben hier und jetzt zufrieden. Das neue Auto ist für dich praktisch, jedoch keine Notwendigkeit, um glücklich zu sein und mit einem Lächeln durch den Tag zu kommen. Wünsche sind schön und wichtig, denn nur, wenn wir etwas erreichen möchten, gehen wir auch voran. Die tagtägliche Zufriedenheit ist es, die aus meiner Sicht das Leben lebenswert macht. Wer ständig seinen Wünschen hinterherrennt und nach mehr und mehr Besitz strebt, wird wohl nie sein Ziel erreichen. Sobald ein Wunsch erfüllt ist, kommt der nächste. Ein ständiger Wettlauf mit der Zeit, den du nur verlieren kannst. Zufriedenheit ist unabhängig von dem, was du hast oder welche Position du einnimmst, davon bin ich überzeugt.

> *»Glück entsteht oft durch Aufmerksamkeit in kleinen Dingen, Unglück oft durch Vernachlässigung kleiner Dinge.«*
> (Wilhelm Busch, 1832–1908, dt. Schriftsteller)

Materielle Güter können durchaus wichtig sein. Es ist völlig in Ordnung, Geld zu verdienen und sich damit Wünsche zu erfüllen. Es gibt mehr als genug Geld für alle auf der Welt, es ist nur meiner Meinung nach ungleichmäßig verteilt. Wer Geld hat, kann es auch bewusst einsetzen und damit zu mehr Menschlichkeit und Wohlstand in der Welt beitragen. Mittlerweile habe ich für mich entschieden, dass es doch besser wäre, selbst Millionärin zu werden, anstatt darauf zu hoffen, dass heutige Geldsammler umdenken und von ihrem Besitz etwas abgeben. Wäre ich Millionärin, würde ich das viele Geld, das übrig wäre, sinnvoll einsetzen. Zum Beispiel habe ich die Vision eines kombinierten Kinder-Senioren-Heims. »KidSen« wird ein Zuhause für Jung und Alt sein. Wo ein empathischer, liebevoller Umgang untereinander herrscht, wo sich Menschen auf Augenhöhe begegnen, wo die Jungen von den Alten lernen und die Alten durch die Jungen Wertschätzung und Anerkennung erfahren. Ich würde Kindern und Jugendlichen gern Empathie erklären und sie mit starkem Vertrauen und Selbstliebe ausstatten, um sie auf ein erfülltes Leben im Erwachsenenalter vorzubereiten.

Viele gute Ideen brauchen finanzielle Mittel. Daher hat Geld verdienen für mich mittlerweile eine andere Bedeutung erhalten.

Auch das Entsagen ist kein Allheilmittel, denke ich. Wer sagt schließlich, dass uns Glück und Erfüllung nur dann gewährt werden, wenn wir auf vieles verzichten? Wozu wäre das gut? Aus meiner Sicht macht es hier wieder die Mischung. Das Gesamtpaket und die Grundeinstellung sind ausschlaggebend. Ein Extrem ist nie der zielführende Weg. So macht es Sinn, den Konsum mal zu hinterfragen und bewusst damit umzugehen. Insbesondere im Bereich Ernährung gibt es so viel bewiesenermaßen ungesundes Zeug auf dem Markt, mit dem wir uns dennoch vollstopfen. Bewusst schauen, was wir zu uns nehmen, kann unsere Gesundheit erhalten und somit auch zu unserer Zufriedenheit beitragen. Und wenn die Schokolust uns überkommt, dann gilt es für mich, diese bewusst anzunehmen. Statt einer ganzen Tafel Schokolade lassen sich selbst nur ein Stück oder ein Riegel wunderbar genießen. Aufmerksam die Schokolade auf der Zunge zergehen zu lassen ist für mich mittlerweile wirkungsvoller, als blind die halbe Tafel wegzunaschen. Alles in Maßen und Teilzeit-Verzicht sind meines Erachtens ein guter Weg, um von materiellen Dingen unabhängig zu bleiben und gleichzeitig vergnüglich den heutigen Komfort und Luxus zu genießen.

Der Spruch »Weniger ist mehr« hat auch in diesem Fall seine Gültigkeit. Auch wenn jede selbst entscheidet, was ihr guttut und wie viel Besitz für sie lebensnotwendig ist, so reicht oft weniger als gedacht. Machen wir uns das erst mal bewusst und probieren wir es aus, so werden wir vielleicht erstaunt sein, dass drei Paar Schuhe ausreichen. Oder dass frisches Obst und Gemüse auch satt machen. Die meisten von uns sind im Überfluss groß geworden und brauchten sich um den alltäglichen Bedarf keine Sorgen zu machen. Bewusst zu schauen, was wirklich gebraucht wird und welche Dinge überflüssig sind, kann viel in uns verändern.

> *»Wie zahlreich sind doch die Dinge,*
> *derer ich nicht bedarf.«*
> (Sokrates, um 470–399 v.Chr.,
> griechischer Philosoph)

So oder so, ob dir Besitz viel bedeutet oder ob du dein einfaches Leben liebst, mir ist wichtig, dass du deine Zufriedenheit, dein Glück und deine Lebensfreude unabhängig von deinem Hab und Gut siehst. Wenn du das schaffst, bist du meines Erachtens gut gewappnet für die Turbulenzen des Lebens. Dann wirst du auch in schwierigen Zeiten weiter in Vertrauen und Liebe leben können. Somit setzt du weiterhin den Fokus in eine positive Richtung, glaubst an Verbesserungen und wirst die geeigneten Lösungen finden, um deine Situation zu verändern. Bleibst du in Vertrauen und Liebe, so ist meine Erfahrung, dann bist du offen für neue Wege und Möglichkeiten, die sich auftun.

Ich wünsche dir ein reiches Leben, ganz gleich, was oder wie viel du besitzt.

21   Klarheit und Entscheidungs-
freudigkeit

Wenn du bisher dachtest, lebensbejahend zu leben bedeutet, als Ja-Sager freundlich zu allem und jedem zu sein, dann ist es Zeit für eine Ent-täuschung. Es ist der Moment gekommen, dir diese Illusion zu nehmen und Klarheit zu schaffen. Denn lebensbejahend und wohlwollend zu leben erfordert durchaus auch ein deutliches Nein. Das ist ehrlicher, als um den heißen Brei herumzureden, was schließlich zu Ent-täuschungen und Verletzungen führen könnte.

Ich möchte für meine Mitmenschen verlässlich sein. Dazu gehört, dass ich klar Position beziehe und zu meinen Werten stehe. Würde ich zu allem Ja sagen, mein Fähnchen nach dem Wind drehen und meine Ansichten ständig ändern, so könnte mich wohl niemand ernst nehmen. Dann könnte sich niemand ernsthaft auf eine vertrauensvolle Verbindung mit mir einlassen, denn er wüsste ja nie so recht, was kommt.

Wenn Freunde mich nach einer Meinung fragen, ist es für mich wichtig, Position zu beziehen. Dabei bleibe ich weiterhin wohlwollend und positiv. Da ich gern die Meinung des anderen gelten lasse, ergibt sich meistens eine sachliche Diskussion. Es entwickelt sich ein Gespräch, in dem die verschiedensten Blickwinkel angesprochen werden und in dem beide Seiten voneinander lernen können.

Wie steht es mit dem Kritisieren? Wie schnell äußerst du Kritik in deinen Gesprächen? Und wie wohlwollend ist sie? Interessanterweise steht Kritik häufig für Beanstanden, Bemängeln oder Urteilen. Dann ist es für mich kein Kommunikationsmittel. Wenn ich kritisiere, indem ich eine Situation bewerte und darüber urteile, was in der betreffenden Lage besser gewesen wäre, ist das in meinem Verständnis wenig wohlwollend. Auch eine barsche Aussage, ohne dass dein Gegenüber nach deiner Meinung gefragt hätte, beispielsweise »diese Bluse macht dich alt«, ist für mich keine gewaltfreie Kommunikation.

Mag sein, dass es lieb gemeint war und der Kritiker seinem Gegenüber nur mitteilen wollte, dass die Bluse echt unvorteilhaft sei. Wie so oft im Leben kommt es auf die Wortwahl und die Intention an.

Dennoch gehört Klartext für mich dazu. Kritik in Form einer Beobachtung und einer sachlichen Einschätzung ist für mich völlig in Ordnung. Dabei bleibe ich bei mir. Meine Äußerungen sind nur meine Meinung, meine Vorlieben, meine Denkweisen. Sie sind durch meine persönlichen Erfahrungen geprägt und nur selten eins zu eins auf mein Gegenüber zu übertragen. Ich rege gern zum Nachdenken an, vermittle Ideen, wie eine Situation auch betrachtet werden könnte. Dabei bleibt das Ergebnis offen. Welcher Meinung mein Gesprächspartner nach einer Diskussion folgt, ist ihm überlassen. Es gibt Tausende Möglichkeiten, Tausende Lösungsansätze für jede Situation, wie könnte ich mir da anmaßen, den einzig wahren Weg gefunden zu haben? So ist es mir möglich, Position zu beziehen und meinen Standpunkt darzustellen, ohne jemand anderen in seiner Denkweise einzuschränken oder zu beschneiden. So funktioniert es wunderbar, wohlwollend und lebensbejahend

Klartext zu reden. Das Leben besteht eben aus mehr als nur aus Schwarz und Weiß.

Besonders wichtig in meinem Leben ist die Entscheidungsfreudigkeit. Tagtäglich sind Entscheidungen erforderlich, die unseren weiteren Lebensweg beeinflussen. Wie viele Menschen gibt es, die ewig keine Entscheidungen fällen? Da werden erst einmal Hunderte Wenns und Abers gegeneinander abgewogen. Anhand von Strichlisten wird versucht, ein Für oder Wider herbeizuführen. Es wird gegoogelt, viele Menschen werden gefragt und die vielen Informationen tragen mehr zur Verwirrung als zur Entscheidungsfindung bei. Wenn dann endlich eine Entscheidung getroffen wurde, wird noch lange überlegt, ob es die richtige war. Oder es wird schnell bereut, keine andere getroffen zu haben. Klingt kompliziert? Ist es auch. Und doch treffe ich immer wieder Menschen, die sich so extrem schwer tun mit Entscheidungen. Sie sind dann von der Angst getrieben, eine falsche Entscheidung zu treffen. Viele sitzen es daher aus und überlassen die Entschlussfindung anderen. Das ist weniger anstrengend, denn dann liegt es außerhalb der eigenen Verantwortung.

Wie schon im Kapitel »Lebensbejahend leben ist eine Herausforderung« beschrieben, ist Eigenverantwortung zu übernehmen ein elementarer Baustein für meinen gewählten Lebensmodus. Dazu gehört es, Entscheidungen zu treffen und ihre Konsequenzen anzunehmen. Es geht nur voran, wenn wir auch einen Entschluss fassen. Ewiges Abwägen und Herumeiern bremst uns aus. Zu viele Chancen gehen verloren, wenn wir Entscheidungen herauszögern. Wenn sich dann eine Aktion doch mal als ungünstig entpuppt, so wird die Marschroute eben angepasst und die Richtung gewechselt. Die nächste Entscheidung wird dann vermutlich zielführender sein. Für mich ist es viel fataler, keine Entscheidungen zu treffen, als mit den nächsten Schritten die Richtung anzupassen und den Weg zu optimieren.

Durch mein Vertrauen ins Leben habe ich wenig Angst vor falschen Entscheidungen. Ich bin mir ziemlich sicher, dass ich durch die lebensbejahende Einstellung bereits meinen Fokus so gesetzt habe, dass sich die geeigneten Wege für mich auftun werden. Die selbsterfüllende Prophezeiung wirkt in positiver und in negativer Richtung – je nachdem, welches Denkmuster du lebst. Selbst wenn ich mal etwas länger brauche, um eine Entscheidung zu treffen, so ist es meist nur mein Kopf, der sich damit schwertut. Mein Herz ist schlauer und weiß schon viel eher, was gut für mich ist. So war es beispielsweise mit meinem Schritt in die Selbstständigkeit. Innerlich war der Weg schon vorgezeichnet, doch der Kopf brauchte Entscheidungshilfe. So gab es in diesem Fall eine Strichliste und eine längere Zeit des Abwägens. Das erste Gefühl siegte und die Entscheidung für die Selbstständigkeit war genau richtig. Auch wenn es immer mal wieder Höhen und Tiefen gibt, auch wenn ich ab und an den Weg hinterfrage, die Entscheidung habe ich nie bereut. Beruhigend war dabei sicherlich das Wissen, dass ich jederzeit wieder einen neuen Weg wählen könnte. Eine Entscheidung ist ein Moment, die Richtung ändern können wir immer wieder.

Ich versuche, noch häufiger auf mein Bauchgefühl zu hören. Wir haben es etwas verlernt, doch die innere Eingebung ist nach wie vor da und sie funktioniert. Indem wir darauf achten, was sich gut anfühlt, sind Entscheidungen leichter zu fällen.

Wie entscheidungsfreudig bist du? Wie schnell wählst du beispielsweise im Restaurant dein Essen aus? Oder wie lange überlegst du, ob du dir die Schuhe kaufen wirst? Ist es dir auch schon mal so ergangen, dass du zu lange gewartet hast und dir dann dein Objekt der Begierde vor der Nase weggeschnappt wurde? Wir können unsere Entscheidungsfreudigkeit in den alltäglichen kleinen Momenten trainieren. Was ziehe ich an? Was gibt es zu essen? Was mache ich als Nächstes? Versuche, diese Fragen möglichst schnell zu beantworten. Je schneller wir in solchen eher banalen Momenten reagieren, umso leichter wird es uns bei wichtigeren Entscheidungen fallen, da bin ich mir sicher. Vielleicht ist es vergleichbar mit einem Tennisspieler. Je besser er trainiert ist, umso schneller wird er auf die Bälle reagieren können und umso erfolgreicher wird er sein. Auch der Entscheidungsmuskel ist trainierbar. Je häufiger wir klare Entscheidungen treffen, umso leichter wird es.

Du siehst, Klarheit und Entscheidungsfreudigkeit sind bedeutend für meinen Lebensweg. Positiv, wohlwollend zu denken und zu leben ist eine Herausforderung und es sind Selbstverantwortung und Selbstkritik notwendig. Um seiner Klarheit wohlwollend Ausdruck zu geben, erfordert es etwas Übung. Natürlich poltert es auch aus mir ab und an nur so raus. Dann ist die Zunge schneller als das Hirn. Oder ich drücke mich aus meiner Sicht wohlwollend aus, erwische jedoch mein Gegenüber auf dem falschen Fuß (siehe Kapitel »Wenn es mal dumm läuft«). Das passiert, doch so oder so ist es wichtig, dass ich für mich Position bezogen habe.

Klarheit entsteht aus meiner Sicht ohnehin zuerst in dir selbst. Nur wenn dir bewusst ist, was dir wichtig ist, nach welchen Werten du leben und was du aus deinem Leben fernhalten möchtest, kannst du klar handeln. Dann kennst du deinen Weg und kannst ihn weitergehen, auch wenn andere ihn hinterfragen. Mit diesem Bewusstsein, mit dieser Klarheit, wird es dir leichter fallen, Entscheidungen zu treffen. Denn durch deine Wünsche und deine Werte wird oft der Weg schon vorgegeben. Richtungen, die mit deinen Vorstellungen übereinstimmen, werden eingeschlagen und eröffnen die passenden Chancen für eine positive Weiterentwicklung.

Eine wichtige Entscheidung auf deinem Weg hast du schon getroffen: Du liest dieses Buch! Ich wünsche dir weiterhin viele gewinnbringende, wohltuende Entscheidungen.

Ich entscheide mich in möglichst vielen Momenten für die Freude!

22   Alles beginnt in dir

Einige Male habe ich nun schon zwischen den Zeilen erwähnt, dass du die wichtigste der Personen bist, die Einfluss auf dein Leben haben. Du bist es, die entscheidet, was dir wichtig ist, was dir guttut, wie du leben möchtest. Diese Entscheidungen kann dir niemand abnehmen. Und selbst wenn du bisher dachtest, dass das Schicksal dir übel mitspielt, wage ich hier die Äußerung, dass du vermutlich einen Anteil daran hast. Denn was passiert, liegt tatsächlich selten in unserer Hand, wie du jedoch damit umgehst und was du daraus machst, ist deine Entscheidung. Du kannst dich als Opfer sehen und unbeweglich in deinem Leid verharren. Oder du siehst dich als jemanden, der seine Geschicke in die Hand nimmt und das Beste daraus macht.

Dazu eine kleine Geschichte. Die Tatsache anzunehmen, dass unser Körper im Alter schwächer wird, ist sicherlich alles andere als leicht. Neulich bin ich beim Bäcker einer älteren Dame begegnet. Als sie ihr Brot in den Wagen legte, schwankte sie und musste sich festhalten. Sie schaute uns mit einem verschmitzten Lächeln an und sagte: »Blau ganz ohne Alkohol – damit komme ich ins Guinness-Buch der Rekorde.« Wir haben alle herzhaft gelacht und ich fand es beeindruckend, wie sie mit der Situation umging. Ob ihr das immer so gelingt, bleibt mir verborgen. Ich wünsche mir, dass ich mein Älterwerden ebenso mit Humor nehmen kann.

Damit du vertrauensvoll durch das Leben gehen kannst, sind Selbstliebe und Selbstwert wichtige Zutaten. Ich wurde glücklicherweise durch meine Eltern mit beidem bestens ausgestattet, doch ich weiß, dass das keine Selbstverständlichkeit ist. Ich bin mittlerweile vielen herzensguten Menschen begegnet, die sich selbst ständig hinterfragen. Sie vergleichen sich stets mit anderen und übersehen dabei ihre Stärken und ihr großes Herz. Es geht teilweise sogar so weit, dass sie ihre Daseinsberechtigung infrage stellen. Solche Begegnungen bewegen mich sehr, denn ich bin überzeugt, dass jede Person es verdient hat, in Selbstliebe zu leben und sich selbst wertzuschätzen. Jede erfüllt mindestens achtzig Prozent ihrer täglichen Aufgaben mit Bravour – Aufstehen, Anziehen, Zähne putzen, Frühstücken, zur Arbeit gehen, Wohnung aufräumen ... Da wir uns nur allzu gern vergleichen, gibt es selbst an den alltäglichen Kleinigkeiten etwas zu kritisieren. Der Kaffee war zu stark, das Schlafzimmer ist zu unordentlich, der Brief an den Kunden wurde zu schlecht formuliert ... und, und, und. Anstatt anzuerkennen, was wir selbst jeden Tag leisten und zustande bringen, neigen wir dazu, uns zu kritisieren und selbst kleine Fehler vorzuhalten. Dadurch machen wir uns das Leben schwer und bestärken uns immer mehr in dem Glauben, wertlos und nutzlos zu sein.

> »Ich kann die Achtung aller Menschen
> entbehren, nur meine eigene nicht.«
> (Otto von Bismarck, 1815–1898,
> Gründer des Deutschen Reichs)

Ich wünsche mir, dass du dich selbst mindestens so sehr liebst wie deine Liebste oder deinen Liebsten, wie deinen Hund oder deine Katze. Ich bin davon überzeugt, auch wenn wir uns vielleicht noch unbekannt sind, dass es viele liebenswerte Seiten an dir gibt. Du bist dir unsicher? Dann frag mal deine beste Freundin oder deine Eltern, was liebenswert an dir

ist. Ich bin mir sicher, sie haben eine passende Antwort.

Jede von uns hat ihre Stärken, auf die sie stolz sein
darf. Während die eine unschlagbar gute Partys or-
ganisiert, hat die andere ein Händchen für Deko-
ration, backt leckeren Kuchen oder kann einen Herd
anschließen. Was auch immer, jede von uns hat Stärken und positive Eigenschaften, die sie wertvoll machen.

Wenn du selbst zu wenig an dich glaubst, dann
schau einmal genau hin und mach dir bewusst, was
du alles schaffst und kannst. Feier auch die Kleinigkeiten. Freue dich über jeden Tag, den du gelebt hast.
Versuche dich anzuerkennen, ohne dich mit anderen
zu vergleichen. Wir Menschen sind verschieden und
das ist gut so. Wer gibt schon vor, was erfolgreich ist?
Nur du. Nur du definierst deinen Erfolg. Du bist
diejenige, die den Maßstab festlegt. Wenn du dein
gewünschtes Ziel erreicht hast – und das darf noch so
klein sein –, dann kannst du deinen persönlichen
Erfolg feiern. Häufig machen wir uns das Leben unnütz schwer, weil wir vermeintlichen Erwartungen
anderer hinterherhinken oder uns mit dem eigenen

Perfektionismus quälen. Nur selten wird uns bewusst, wie sehr wir dadurch unser Vertrauen und unseren Selbstwert eingrenzen und uns ausbremsen.

Daher fühl dich frei, dich selbst zu lieben und anzuerkennen. Selbst wenn du glaubst, niemand würde dich lieben, dann sei du die erste Person, die damit anfängt! Das kann dir niemand verbieten!

Ja, alles beginnt in dir. Wenn du zufrieden und glücklich leben möchtest, dann ist es deine persönliche Einstellung, die dir das ermöglicht. Ich bin überzeugt, dass wir vieles selbst in der Hand haben und steuern können. Dazu gilt es, uns erst einmal selbst anzunehmen und uns zu lieben mit allen Stärken und Schwächen, mit allen Ecken und Kanten. Wie wir uns selbst sehen, kann uns niemand vorgeben. Wenn dir jemand sagen würde: »Du bist schlecht«, dann entscheidest immer noch du selbst, ob du ihm glaubst. Es ist schließlich nur seine Meinung. Wieso willst du dich selbst infrage stellen, nur weil du irgendwelche absurden Anforderungen oder Erwartungen anderer unerfüllt lässt? Deinen wievielten Geburtstag feierst du in diesem Jahr? Denkst du, du wärst so alt geworden, wenn du alles im Leben falsch gemacht hättest? Einiges war gut und richtig, wenn du diese Zeilen lesen kannst.

Schau mal genauer in den Spiegel und finde die schönen Seiten an dir. Dein Lächeln, deine Augen, deine Haare. Hast du schon mal dein Spiegelbild in deiner Pupille wahrgenommen? Für mich war das ein magischer Moment, als ich mein kleines Ich in meinen Augen sah. Wenn es dir schwerfällt, schöne Dinge an dir wahrzunehmen, dann schau mal, was deine guten Eigenschaften sind. Wofür hat sich letztens jemand bei dir bedankt? Vielleicht, weil du hilfsbereit warst und ihr die Tür aufgehalten hast? Oder weil du rücksichtsvoll warst und jemanden an der Supermarktkasse vorgelassen hast? Es gibt bestimmt einige wohltuenden Eigenschaften an dir. Benenne sie und wertschätze sie. Ich bin mir sicher, es wird dein Selbstbild positiv verändern. Worüber hast du dich erst kürzlich gefreut? Das ist eine schöne Frage, um etwas positiver auf sein Leben zu schauen. Alles, was dir ein gutes Gefühl vermittelt, ist gut, um deine Selbstliebe und dein Selbstwertgefühl zu steigern.

Möge dir dieses Buch viele Ideen geben, wie du mit dir liebevoller umgehen kannst. Denn alles, was ich hier zum Umgang mit unserem Gegenüber schreibe, gilt ebenfalls für den Umgang mit uns selbst. Auch wir selbst dürfen uns wohlwollend begegnen, in Liebe und Vertrauen. Das ist der wichtigste Baustein für meinen Lebensweg zu einem zufriedenen, glücklichen Leben.

Die Kreuzeiche bei Osterwieck. Ein wunderschöner Platz, um zu dir zu finden. Foto: Stefan Sobotta

Die alte Eiche – Teil III

»Nein, ihr Menschen seid nicht schlecht«, riss die Stimme des Baumes Mia aus ihren Gedanken. »Ihr habt nur verlernt, zu sehen.«

»Ja, das sagtest du bereits, doch wie können wir das ändern?«, fragte Mia etwas ungeduldig.

»Werdet wieder zu Kindern«, sprach die Stimme. »Wenn ihr geboren werdet, dann seid ihr unschuldig, neugierig und offen für das, was die Welt zu bieten hat. Relativ schnell werdet ihr selbstständig, krabbelt drauflos, geht die ersten Schritte. Die ersten Jahre als Kinder seid ihr unbefangen. Ihr habt noch keine Ahnung, was es heißt, zu urteilen oder zu vergleichen. Kindermund tut Wahrheit kund – als kleine Kinder sagt ihr, was ihr denkt. Ohne Hintergedanken und Forderungen. Wenn ihr es schafft, bereits in der Kindheit gut dafür zu sorgen, dass die Kleinen voller Freude und Dankbarkeit groß werden, dann ist schon ein wichtiger Schritt getan. Behaltet euch die Neugier, die Abenteuerlust und die Offenheit der Kinder. So werdet ihr Fakten hinterfragen und euch eine eigene Welt schaffen. Sorgt dafür, dass Kinder sich selbst lieben und geliebt werden. Was ihnen von außen an den Kopf gewor-

fen wird, soll ihnen so egal sein wie dem Baum die Jung-
vogelkacke. Wenn Kinder selbstvertrauend, selbstliebend,
respektvoll und offenherzig groß werden, dann leben sie
diese Eigenschaften auch als Erwachsene. Dann könnte
sich einiges ändern.«

Mia seufzte. Was der Baum vorschlug, war nichts, was
man mal eben in seinem Alltag umsetzen könnte. Und um
Kinder übergreifend so wohlwollend und liebevoll zu er-
ziehen, müssten ja erst mal die Erwachsenen so denken.
Sie waren schließlich die Vorbilder für die Kids. Bei eini-
gen Eltern von Mitschülern ihrer Kinder sah sie da aller-
dings schwarz. Da gab es Menschen, die sich stets und
ständig profilierten, die sich über ihren Besitz definierten
und die ihren Kindern Freundschaften vorschrieben je
nach dem Berufsstand der Eltern. Pflegekräfte waren da
eher weniger wert. Banker, Manager oder Autohausinha-
ber waren die Klientel, die Vorteile versprachen. Ein kalter
Schauer der Verzweiflung lief Mia den Rücken hinunter.
Ein Seufzer der Resignation entfuhr ihr.

»Was kann ich denn bloß tun?«, fragte sie leise.

»Du tust schon so viel«, flüsterte der Baum zurück.
»Du hast den Weg der Liebe schon vor vielen Jahren ein-

geschlagen und du lebst ihn, ohne dich entmutigen zu lassen und auch ohne zu missionieren. Du bist ein gutes Vorbild für deine Mitmenschen. Jedes liebe Wort, jede Wertschätzung, jede Geste des Respekts und Vertrauens hilft, die Welt ein Stückchen besser zu machen. Erst mal nur im Kleinen, nur in deinem Umfeld. Doch es wirkt. Jedem Menschen, dem du mit einem Lächeln begegnest, verschönerst du den Tag. Auch wenn es noch Jahrhunderte, vielleicht Jahrtausende dauern wird, bis die Menschheit wirklich wieder gelernt hat, zu sehen und ihrem Herzen zu folgen, bist doch du und jeder so denkende Mensch wichtig. Wäre es anders, so hättet ihr euch schon längst ausgerottet«, sprach der Baum.

Mia wurde ganz warm ums Herz. Sie war einen kurzen Moment überrascht, dass der Baum sie so genau einschätzen konnte. Dann fielen ihr die zahllosen Selbstgespräche wieder ein, die sie in den vergangenen Jahren unter der Eiche geführt hatte.

»Du darfst mir glauben, du bist nicht die Erste, der ich das erzähle, und du wirst nicht die Letzte sein«, sprach der Baum. »Doch jeder Einzelne ist wichtig, damit die Welt, wie wir sie kennen, auch in den nächsten hundert Jahren noch existiert. Verbreite weiterhin Freude, Liebe, Respekt

174

und Dankbarkeit und du wirst immer mehr davon auch in deinem eigenen Leben erfahren.«

Ein Lächeln lag auf Mias Lippen. Sie sah den Sonnenschein, wie er durch das grüne Laub schillerte. Sie bewunderte die knorrigen alten Äste und lauschte dem Rascheln im Gras. Sie war dankbar für dieses Wunder, das ihr gerade zuteilwurde. Sie fühlte sich beschwingt und mutig, energiegeladen und absolut im Vertrauen, den für sie genau stimmigen Lebensweg gefunden zu haben. Sie würde wiederkommen zu ihrer Eiche und ihr aus ihrem Leben berichten. Mia strich mit der Hand über die raue, warme Rinde und verabschiedete sich. Wenn sie wieder einmal Zweifel an ihrem Weg, an ihrer Lebenseinstellung und der Menschheit hegen würde, würde sie sich an die Worte der Eiche erinnern.

23   Die Bedeutung der Familie

»Blut ist dicker als Wasser« ist so ein eigenartiger Spruch. Ebenso wie »Freunde kann man sich aussuchen, Familie nicht«. In beiden Aussagen steckt für mich etwas Wahrheit, doch ich mag genauer schauen, was Familie für mich bedeutet und wie sehr sie uns beeinflusst.

Ich bin sehr dankbar für die Liebe und die Rückendeckung, die ich von meinen Eltern erhalten habe. Meine Brüder und ich sind in einer wahrlich lebensbejahenden, wohlwollenden Familie groß geworden. Bis heute ist das Verhältnis zwischen uns sehr gut. Leider wohnen meine Brüder nun ziemlich weit entfernt. Der Zusammenhalt ist dennoch da und vor allem die Wertschätzung unseren Eltern gegenüber. Dass sie mir eine solch wunderbare Basis für ein zufriedenes Leben geschaffen haben, dafür bin ich sehr dankbar. In unserem Falle stimmt vermutlich der erste Spruch »Blut ist dicker als Wasser«.

Leider gibt es auch andere Beispiele. Familien, in denen es eher herrisch als harmonisch zugeht. Wo statt Vertrauen Verletzungen vorherrschen. Oder wo

beispielsweise Eltern sich mit ihren Kindern vergleichen, ihnen wenige Freiheiten gönnen und sie für ihr
Glück oder ihr Unglück verantwortlich machen. Für
mich gibt es verschiedene Ursachen, warum es in
manchen Familien so schwierig zugeht. Zum einen
kann es an Überforderung der Eltern liegen. Sie sind
vielleicht selbst unglücklich und unzufrieden und
nun mit der Verantwortung für die Kinder überfordert. Letztendlich sind Erziehung und Eltern-Sein ja
keine Pflichtfächer in der Schule. Niemand lehrt uns,
wie wir unsere Kinder am besten unterstützen, damit
sie zufriedene, glückliche, lebensfrohe Menschen
werden. Da ich selbst noch keine Kinder habe,
schreibe ich hier rein aus der Theorie und aus meinem Erlebten. Überforderung ist sicherlich ein we-
sentlicher Faktor, der einem harmonischen Zusam-
menleben im Wege steht. Eine weitere Ursache sehe
ich darin, dass einige Eltern vielleicht selbst nur mit
wenig Liebe und Vertrauen aufgewachsen sind.
Wenn sie wesentliche Eigenschaften nie ge- oder
erlebt haben, dann können sie diese kaum weitergeben.

Im Falle eines schwierigen Elternhauses würde ich sagen, dass der erste Spruch ungültig sein darf. Denn auch wenn es sich um Familie handelt, dürfen gewisse Verhaltensweisen inakzeptabel sein. Dann ist es durchaus okay, sich voneinander zu entfernen und unabhängig zu leben. Loslassen kann da ein wichtiger Schritt sein, um seinen eigenen Weg in ein zufriedenes Leben zu finden. Mir ist dabei allerdings wichtig, dass das Loslösen ohne Groll passiert. Vermutlich haben die Eltern ihr Bestes gegeben. Sie haben sich nach ihrem Können, ihrem Wissen und ihrer Erfahrung eingesetzt, um ihren Kindern einiges für ein sicheres, schmerzfreies Leben mitzugeben. Sie mögen eine weniger sinnvolle Strategie gewählt haben. Sie haben vielleicht aus Angst gehandelt, doch ihre Intention war vermutlich wohlwollend. Wenn du loslässt, dann akzeptiere die Situation so, wie sie ist, ohne gegen sie anzukämpfen. Aus meiner Sicht kostet Letzteres nur viel Kraft und Energie. Versuche, unsere Vergangenheit zu bekämpfen, zu verdrängen oder zu vergessen, werden in der Regel häufig scheitern. Loslassen und akzeptieren lautet hier die Zauberformel.

Wie wir aufwachsen, ist durchaus wegweisend dafür, wie wir später als Erwachsene leben. Daher möchte ich alle Eltern und werdenden Eltern ermutigen, ihren Kindern so viel bedingungslose Liebe wie möglich zu schenken. Schafft für sie einen sicheren Heimathafen, einen Zufluchtsort, bietet ihnen Vertrauen und Rückendeckung. Ihr habt es in der Hand, ob ihr diese kleinen Menschen mit Selbstvertrauen und Selbstwert ausstattet und somit bestens für ein zufriedenes, glückliches Erwachsenenleben vorbereitet.

Dann gibt es da noch den zweiten Spruch: »Freunde kann man sich aussuchen, Familie nicht«. Stimmt. Und wieder ist es unsere Entscheidung, wie wir damit umgehen wollen. Es gibt viele Geschwister, die untereinander beste Freunde sind. Auch zwischen Eltern und Kindern ist ein freundschaftliches Verhältnis etwas sehr Schönes und Vertrauensvolles. Ja, Freunde kann man sich aussuchen. Doch kann es uns auch da passieren, dass wir ent-/getäuscht werden und sich Freunde später als Feinde entpuppen. Eine Freundin hat dafür den Begriff »Freinde« kreiert. Manche Menschen, so wie ich, vertrauen schneller und laufen Gefahr, dass sich Freundschaften zügig wieder erledigen können. Anderen wiederum fehlt das Vertrauen in fremde Menschen und es dauert sehr lange, bis sie Freundschaften aufbauen. Diese sind dann jedoch meistens dauerhaft. Freundschaft ist für mich wichtig und ich sehe meine Freunde auch als einen Teil meiner Familie.

Ganz gleich ob Familie, Freunde oder Fremde, mir ist ein offener, vertrauensvoller Umgang miteinander wichtig. Wenn wir uns gegenseitig stärken und unterstützen, dann ist die Gemeinschaft erfolgreich. Dann sind wir alle in gewisser Weise verbunden, irgendwie wie eine Familie.

Mir bedeutet Familie sehr viel. Da beziehe ich auch die wichtigen Menschen in meinem Umfeld ohne Blutsverwandtschaft mit ein. Familie ist eher ein Lebensgefühl. Familie ist für mich geprägt durch Vertrauen, Offenheit, Unterstützung und Zusammenhalt. Ich wünsche mir, dass sich dieses Lebensgefühl noch stärker verbreitet und sich immer mehr Menschen als Familie fühlen. Gemeinsam können wir so viel erreichen und das Leben so lebendig und reich gestalten, wenn wir nur wollen.

24   Lernen von Kindern

Schon Herbert Grönemeyer wollte Kinder an der Macht sehen. Diese kleinen Menschen machen uns einiges vor, wenn es um (vor-)urteilsfreien, bedingungslosen Umgang mit uns und mit der Natur geht. Und ihr Durchhaltevermögen, ihre Energie ist schier endlos und versetzt uns Erwachsene oft in eine stille Ver- und Bewunderung. Manche Kinder können sich stundenlang mit Bauklötzen beschäftigen. Immer wieder aufbauen, umfallen lassen und wieder von vorne anfangen. Kinder sind große Visionäre. Ihre Neugier und ihre Abenteuerlust treiben sie jeden Tag zu unzähligen Entdeckungen an. Sie haben furchtlose Herzen und keine Angst vor der Zukunft, denn sie haben ja noch kaum Erfahrung damit, was morgen passieren könnte. Sie fühlen sich nur allzu gern als Superhelden. Kinder sind lebensfroh und finden immer etwas, mit dem sie sich beschäftigen können und an dem sie sich erfreuen.

Ich erinnere mich an eine lustige Begegnung mit einem kleinen Jungen in einem Supermarkt. Ich schätze ihn auf sechs oder sieben Jahre. Er stand zwischen den Gängen, schaute mich an und rief »Hah, hoh, ich bin Jean-Claude Van Damme!« Er machte ein paar Kampfsportbewegungen und ließ sich dann in den Männerspagat fallen. In den Momenten zuvor fühlte er sich wohl wie ein Superheld, er war ganz präsent und hatte seinen Star vor Augen. Nur dass der Spagat für kleine Jungs durchaus schmerzhaft enden könnte, war ihm in diesem Moment noch unbewusst. Ich durfte seine kindliche Freiheit miterleben. Nach dieser Erfahrung hat er vermutlich zukünftig auf diesen Stunt verzichtet. Es zeigt, wie wunderbar Kinder sich auf ihr Spiel, auf ihre Fantasie einlassen können und im Hier und Jetzt präsent sind. Etwas, was wir Erwachsenen häufig verlernt haben.

Ja, ich weiß, du denkst jetzt vielleicht an die Momente, in denen dein Kind mal weniger fröhlich unterwegs ist. Wenn es beispielsweise Bettzeit ist und es noch putzmunter ist. Oder wenn es im Supermarkt unbedingt eine bestimmte Süßigkeit möchte und diese entsprechend lautstark einfordert, bis du endlich nachgibst. Natürlich ist mir bewusst, dass Kindheit auch aus Schattenseiten besteht. Es gibt natürlich

Momente oder Tage ohne eitlen Sonnenschein. Mir ist bewusst, dass es leider mittlerweile viele Kinder gibt, die schon in jungen Jahren anders ticken. Denen Erfolgsdruck und Wettbewerb schon sehr früh beigebracht werden. Das finde ich schade, denn wir bringen die Kinder um wichtige, zwanglose Zeit in ihrer Kindheit. Im Großen und Ganzen sind Kinder von Geburt an erst einmal offenherzig, abenteuerlustig, fröhlich, ausgelassen und zugewandt.

Ich denke, wir können sehr viel von Kindern lernen. Vor allem von ihrem Durchhaltevermögen. Sie probieren Dinge so lange aus, bis sie funktionieren. Nur so lernen sie sprechen oder laufen. Hundertmal hinfallen und dennoch voller Energie wieder aufstehen – was für eine Disziplin! Dabei gehen sie spielerisch vor. Sie machen die Dinge, die ihnen Spaß bringen. Sie kennen noch keinen Druck, der ihnen sagt, bis wann sie endlich zu stehen, zu gehen oder zu sprechen haben. Sie bekommen die Zeit zur Entwicklung, die sie brauchen. Dabei werden sie auch noch liebevoll angefeuert. Eltern freuen sich über noch so kleine Fortschritte. Im Erwachsenenalter werden die Ziele deutlich weiter gesteckt, viele Erfolge werden als selbstverständlich angesehen und selbst Anerkennung und Lob bleiben häufig aus. Stattdessen werden Fehler massiv kritisiert und in manchen Fällen auch überdramatisiert. Kinder lernen in erster Linie aus Fehlern. Wieso ist das im Erwachsenenalter unerwünscht?

Kinder sind große Visionäre. Feuerwehrfrau, Pilotin, Kapitänin oder Astronautin sind einige der Berufswünsche, die die Kleinen äußern. Für sie gibt es noch keine Begrenzungen. Ihr kleiner, unerfahrener, freier Geist träumt erst einmal ganz groß. Alles ist möglich, wie sollte es anders sein? Schließlich machen es ihnen die Großen vor. Es gibt viele Feuerwehrleute, Pilotinnen, Kapitäne, und im All sind regelmäßig Menschen unterwegs. Die Erwachsenen sind die Vorbilder, die in den Kindern Abenteuerlust, Sehnsüchte und Wünsche wecken. Irgendwann im Laufe der Entwicklung verlieren wir in der Regel die Fähigkeit, groß und grenzenlos zu denken. Wir haben gelernt, uns anzupassen und uns mit begrenzten Möglichkeiten abzufinden. Statt Feuerwehrfrau zu werden, wird man Bürokauffrau, und anstatt das

Weltall zu erkunden, geht es ab und an mit dem Flugzeug in den Urlaub auf die kanarischen Inseln.

Doch die Sehnsucht bleibt. Vielleicht kennst du auch die leichte innere Unruhe, die dir signalisiert, dass irgendetwas fehlt. Dass dein Leben noch unvollständig ist. Ich kann mir gut vorstellen, dass die Träume aus unserer Kindheit heute dafür sorgen, dass wir keine richtige Heimat finden. Spätestens, wenn Menschen in ihrer Midlife-Crisis ihr komplettes Leben umkrempeln, zeigt sich vielleicht das Kind in ihnen.

Warum verlernen wir erst die Tugenden unserer Kindheit? Ich bin überzeugt, mit mehr kindlicher Neugier, Mut und Lebensfreude würde unser Leben viel leichter und reicher sein. Allerdings würde es vermutlich bedeuten, dass wir etwas sprunghafter wären. Dass wir schneller Dinge ändern würden, die uns weniger gefallen. Wir wären ungeeignet, einen standardisierten Job durchzuführen, der uns in unserer Freiheit begrenzt. In unserer heutigen Gesellschaft sind zwar Visionäre und Freigeister wichtig, allerdings ist der Großteil der Menschen für die Arbeit an der Basis zuständig und sorgt für einen reibungslosen Ablauf in unserem System. Das ist auch gut so, keine Frage. Ich würde mir dennoch mehr Kreativität und Gedankenfreiheit wünschen, damit alle Menschen freudig an die Arbeit gehen und sich einbringen können. Es könnte sicherlich zu mehr Zufriedenheit beitragen, wenn Menschen gesehen und gehört werden und sie mit ihren Ideen beitragen können.

Lasst uns wieder öfter Kind sein. Lasst uns einander vorurteilsfrei und ohne Wertungen begegnen. Lasst uns neugierig sein auf das, was auf uns zukommt. Mögen wir etwas mehr risikofreudig und mutig sein, um unseren Sehnsüchten zu folgen und unsere Leben lebendig zu gestalten. Mögen wir durchhalten, auch wenn erste Versuche scheitern oder uns andere erzählen wollen, unsere Träume könnten wir nie verwirklichen. Denk daran, es gab sicher schon jemanden, der es gemacht hat. Somit ist es möglich! Und bitte lach jeden Tag! Freu dich über dein Dasein. Lass die Leichtigkeit in dein Herz und sei du selbst. Kinder zeigen uns, wie es sich leicht und voller Lebensfreude leben lässt. Lasst uns das wiederentdecken!

25   Großzügigkeit

Um liebevoll miteinander umzugehen und lebensbejahend zu leben, ist Großzügigkeit für mich eine wunderbare Tugend. Die meisten von uns geben gern und lassen andere Menschen teilhaben. Die Dankbarkeit, die wir dadurch erfahren, trägt dazu bei, dass wir uns gut fühlen. Selbst wenn wir geben, ohne großen Dank zu erhalten, tut es uns gut. Wir wissen, dass wir in irgendeiner Form dazu beigetragen haben, dass es Menschen oder Tieren besser geht oder dass wir etwas mehr Liebe in die Welt gebracht haben.

Jetzt magst du vielleicht denken: »Was kann ich schon geben? Es reicht ja gerade für mich.« Dann schenk ein Lächeln oder etwas Aufmerksamkeit. Großzügigkeit ist unabhängig von deinem Wohlstand. Tatsächlich finde ich es viel wichtiger, jeden Tag ein bisschen was von unserer Freude und unserer Dankbarkeit abzugeben, als in der Weihnachtszeit die Spendenkassen klingeln zu lassen. Denn wenn wir es schaffen würden, allen Menschen wohlwollend und hilfsbereit zu begegnen, dann würden sich vermutlich viele gesellschaftliche Probleme erledigen und einige Spendenaufrufe erübrigen. Leider ist es bis dahin noch ein ziemlich weiter Weg. Ich möchte einen Unterschied machen und so leben, dass ich Freude, Liebe und Anerkennung verschenke, ohne Gegenleistungen zu erwarten. Ich bin mir sicher, das zahlt sich aus. Wie schon im Kapitel »Zu gut für diese Welt« beschrieben, bin ich überzeugt, dass sich gute Taten weiterverbreiten.

> *»Doch der Besitz verschafft Freunde. Das gebe ich zu; aber falsche. Und er verschafft sie nicht dir, sondern sich.«*
> (Erasmus von Rotterdam, 1466–1536, niederländischer Theologe, Priester und Autor)

Großzügigkeit zeigt sich schon in kleinen Dingen. Einem Dankeschön, einem kurzen Plausch mit der alten Dame nebenan, mehr Zeit für die Kinder oder einem Ausflug mit den Eltern. Jeder kann nach seinen Möglichkeiten etwas beitragen, um anderen den Tag etwas zu verschönern. Aufmerksamkeit, Liebe oder Wahrnehmung zu verschenken ist stets wohltuend. Hier kennt Großzügigkeit keine Grenzen.

Warum es uns so guttut, großzügig zu sein, liegt aus meiner Sicht daran, dass es freiwillig geschieht. Aus Großzügigkeit zu geben ist eine Herzenssache ohne Druck, Zwang oder dem Wunsch nach Gegenleistung. Ich habe schon in verschiedenen Seminaren die Aussage gehört: »Geben ist das neue Nehmen«. Da ist was dran. Durch die Großzügigkeit öffnen wir unser Herz und schwingen in einer positiven Stimmung. Dadurch ziehen wir wieder positive Dinge an.

Wenden wir die Großzügigkeit doch auch auf unser Denken an. Wenn wir groß denken, steigen die Chancen, große Ziele zu erreichen. Sind wir hingegen eher kleinlich unterwegs, grenzen wir uns ein in unserem Tun und unserem Denken, dann werden unsere Möglichkeiten ebenfalls begrenzt bleiben. Großzügig können wir auch mit vermeintlichen Schwächen oder Fehlern unserer Mitmenschen umgehen. Wie viele Streits, insbesondere in Beziehungen, entstehen durch Kleinigkeiten. Statt zu diskutieren, wie die Kartoffeln richtig geschält werden oder wer mit dreckigen Schuhen durchs Haus getrampelt ist, lässt es sich großzügig über solche Momente hinwegschauen. Großzügigkeit ist für mich ein wichtiger Teil meiner Lebenseinstellung. Wo ich genauer darüber nachdenke, würde ich Großzügigkeit sogar als einen Teil der Empathie bezeichnen. Immer, wenn wir offenherzig, wohlwollend und zugewandt leben, hat dies auch etwas von Großzügigkeit.

> *»Durch Anerkennung und Aufmunterung kann man in einem Menschen die besten Kräfte mobilisieren.«*
> (Charles M. Schwab, 1862–1939, amerik. Stahlindustrieller)

Wie würdest du für dich Großzügigkeit definieren? Wann warst du zuletzt großzügig und mit welcher Geste? Und was hat das mit dir gemacht? Spür einmal in dich hinein und schau, wie es dir in dem Moment ging, als du großzügig warst. Ich wünsche dir, dass du mithilfe der Großzügigkeit noch mehr Lebensqualität in dein Leben bringst.

26   Wertigkeit des Menschen

Was bedeutet für dich Mensch sein? Wie wertvoll sind Menschen für dich? Ich kenne einige, die jetzt sagen würden: »Menschen sind mir egal«. Sie sind vielen anstrengenden Menschen begegnet, die ihr Wohl an die erste Stelle setzten, die Hilfsbereitschaft ausgenutzt haben, um ihre Bequemlichkeit auszuleben, oder die so negativ eingestellt sind, dass jedes Gespräch zu einem einzigen Gejammer wird. Ich kann es durchaus nachvollziehen, dass manche Menschen die Gesellschaft anderer meiden. Ganz gleich, ob du gern unter Menschen bist oder lieber allein, was bedeutet dir die Menschheit?

Ich bin überzeugt, dass wir Menschen grundsätzlich mit einem guten Herzen geboren werden und dass wir irgendwie untereinander verbunden sind. Mir ist wichtig, dass Menschen so angenommen werden, wie sie sind. Jede darf so sein und leben, wie es sich für sie gut anfühlt. So, wie ich mich annehme und okay finde, so gilt dies ebenfalls für dich. Auch du bist in Ordnung und du wirst von mir angenommen, so wie du bist. Mit deinen Vorlieben, deinen

Stärken, deinen Schwächen und deinen Ängsten. Menschen können sehr unterschiedlich sein, und das finde ich wunderbar. Denn wir können sehr viel voneinander lernen, uns gegenseitig unterstützen und zur Verbesserung unserer Leben beitragen.

Dabei empfinde ich es als unfair und wenig zielführend, wenn wir Menschen in Klassen einteilen und sie als besser oder schlechter bewerten. Jede Person, die sich einbringt, ist wichtig und hat ihre Vorzüge. Ja, auch ich kenne Menschen, denen ich weniger wohlwollend gegenüberstehe. Menschen, die sich auf Kosten der Gemeinschaft ausruhen. Menschen, die schnell urteilen, Negativität ausstrahlen oder in einer anstrengenden Opferrolle stecken. Menschen, die immer recht haben wollen und dadurch unschöne Diskussionen anschieben. Ja-aber-Menschen, die alles und jedes hinterfragen. Selbst diesen Personen möchte ich möglichst wohlwollend und vorurteilsfrei gegenübertreten. Ich möchte auch ihnen signalisieren, dass es anders geht. Selbst wenn mir dies ab und an mal misslingt, so übe ich mich darin, diese Menschen durch bewusste Fragen in eine andere Denkrichtung zu bringen. Statt mich im Gespräch auf das

Negative einzulassen, frage ich nach der Freude im Leben meiner Gesprächspartnerin. Ich lasse Meinungen bestehen, um unsägliche Diskussionen zu vermeiden. Des Öfteren wandeln sich dann Gespräche und die Menschen zeigen eine andere Seite. Das ist wunderbar! Probiere es doch mal aus!

Du magst nun berechtigterweise fragen, was mit Verbrechern oder Terroristen ist. Auch dies sind Menschen. Ihre Handlungen möchte ich auf gar keinen Fall rechtfertigen. Selbst sie sind letztendlich unschuldig geboren und zu dem gemacht worden, was wir heute verurteilen. Auch wenn sie im Erwachsenenalter selbstverantwortlich sind für ihr Handeln. Verbrechen gehören geahndet und Menschen, die in unserem Land leben möchten, sind dazu verpflichtet, unsere Gesetze einzuhalten. Da stehe ich auf jeden Fall dahinter. Doch womöglich pauschal Menschen aus einem Land oder mit bestimmten Wurzeln von vornherein abzustempeln und ihnen Unehrlichkeit zu unterstellen, ist für mich untragbar. Ich möchte im Vertrauen in die Menschheit leben und dazu gehört für mich, jeden Menschen anzunehmen und niemanden besserzustellen aufgrund seiner Herkunft, seiner Hautfarbe oder seines Bildungsstandes.

> *Die Würde des Menschen ist unantastbar. Sie zu achten und zu schützen ist Verpflichtung aller staatlichen Gewalt.«*
> (Auszug aus Artikel 1 des Grundgesetzes für die Bundesrepublik Deutschland)

Trotz meines Vertrauens bin ich jedoch achtsam, um kein Opfer von Betrügereien zu werden. Da sind es meine Klarheit, meine Entscheidungsfreudigkeit und mein Bauchgefühl, die mich davor bisher bewahrt haben. So hatte ich erst kürzlich eine Anfrage über ein Buchungsportal. Jemand wollte mein Ferienhaus buchen, allerdings wollte er per Scheck bezahlen. Das klang alles etwas dubios. Ich habe entsprechend freundlich geantwortet, dass er direkt über das Portal buchen könne und ich keine Schecks annehme. Es kam keine weitere Antwort mehr. Dies klingt nach einem banalen Beispiel, doch dass es solche Trickser-E-Mails immer wieder gibt, zeigt bereits, dass einige Menschen darauf reinfallen. Augen offen halten ist auch bei unerschütterlichem Grundvertrauen wichtig.

Wenn du dich mit diesen Gedanken schwertust, ist das völlig okay. Ich respektiere deine Meinung. Bei der Frage zur Wertigkeit der Menschen ist es unnötig, gleich in andere Städte oder andere Länder zu schauen. Wie steht es mit deinen Nachbarn, deinen Kollegen, deinem Chef? Wie schon im Kapitel »Liebe deinen Nächsten« beschrieben, gehört für mich die wohlwollende Grundhaltung gegenüber den Menschen zu meiner Lebenseinstellung dazu. »Im Zweifel für den Angeklagten« gilt für mich auch im Alltag. Ich kann mir eine Meinung nur dann bilden, wenn ich wenigstens beide Seiten gehört habe. Solange ich nur vom Hörensagen Informationen erhalte, werde ich keinen abschließenden Standpunkt für mich gelten lassen. Viel zu oft haben sich Situationen aufgrund von mehr Informationen später als ganz anders dargestellt, als es der erste Eindruck vermuten ließ. Viel zu häufig werden Halbwahrheiten verbreitet, die auch zu negativer Stimmung oder Ängsten beitragen können. Da stehe ich lieber ganz offen und ganz bewusst zu meiner Unwissenheit.

Menschen sind es wert, respektvoll und rücksichtsvoll behandelt zu werden. Beides scheint immer mal wieder in Vergessenheit zu geraten. Respekt verdient jede, ganz gleich, welchen Alters. Oft hört man noch, dass der Jugend der Respekt vor dem Alter fehlt. Doch begegnen wir den Kindern und Jugendlichen respektvoll? Selbst die Kleinsten möchten ernst genommen werden und verdienen es, mit Respekt behandelt zu werden. Das beruht auf Gegenseitigkeit. Möchtest du respektvoll behandelt werden, so gehe auch respektvoll mit dir und deinen Mitmenschen um. Ebenso steht es mit Rücksicht. Im Trubel des Alltags und im Gerangel um die beste Position ist Rücksicht häufig Mangelware. Zumal die eine oder andere glaubt, dass man Gleiches mit Gleichem vergelten darf. Aus meiner Sicht funktioniert es anders. Wir lernen von unseren Vorbildern – positive wie negative Verhaltensweisen. Leben wir Rücksicht vor, wird sich dies übertragen. Fahren wir hingegen die Ellenbogen aus, so wird auch das Nachahmer finden. Respekt und Rücksicht sind aus meiner Sicht wesentliche Grundlagen für ein liebevolleres Miteinander.

Ich verliere mich hier und wiederhole mich etwas. Letztendlich möchte ich dir mit diesem Kapitel meine Sicht auf die Menschheit vermitteln. Ich möchte dich sensibilisieren für einen eher vorurteilsfreien, liebevollen Umgang mit den Personen, denen du begegnest. Mir bedeuten die Menschen sehr viel und sie sind von unschätzbarem Wert. Unsere Art ist durch ihre Fähigkeit zu fühlen, zu kommunizieren und zu lernen vermutlich einzigartig auf dieser Welt. Und doch ist es uns bisher kaum möglich, unsere Intelligenz sinnvoll einzusetzen für einen liebens- und lebenswerten Planeten mit Zukunft. Ich bin überzeugt, dass jede Person, die offenherzig, wohlwollend und lebensbejahend lebt, einen wichtigen Beitrag dazu leistet, unser Bewusstsein zu verändern. Und ich bin davon überzeugt, dass es auf gar keinen Fall langweilig wäre, wenn sich die gesamte Menschheit auf ihre sozialen Fähigkeiten besinnen würde. Im Gegenteil. Wir würden wunderbare Dinge erschaffen und Möglichkeiten entdecken, die nur durch den Zusammenhalt in der Gemeinschaft sichtbar werden. Es warten sicherlich großartige Abenteuer auf uns und vor allem ein freudiges, erfülltes, zufriedenes Leben. Bist du dabei?

27 Freude ins Leben bringen

Wir sind nun bereits am Ende dieses Buches angekommen, beim letzten Kapitel. Ich hoffe, ich konnte dich inspirieren und berühren und dir meine wohlwollende Sichtweise auf dich, deine Mitmenschen und die Welt verdeutlichen. Ich wünsche mir, dass sich einige meiner Gedanken verbreiten und dazu beitragen, dass es mehr Freude in unseren Leben gibt. Wenn wir verhindern können, dass Menschen sich wertlos oder überflüssig fühlen, wenn wir es schaffen, dass Kinder in Liebe und Vertrauen aufwachsen, und wenn wir uns selbst lieben und wertschätzen, dann werden wir zu erfüllteren Leben beitragen, da bin ich mir sicher.

In diesem Buch hast du ganz viele Informationen bekommen. Einige Gedankengänge mögen dir bekannt vorkommen, andere sind dir vielleicht völlig fremd. Manches mag für dich total abwegig klingen. Das ist in Ordnung, denn ich beschreibe in diesen Zeilen nur meinen Weg und meine Lebenseinstellung. Das ist keine allgemeingültige Weisheit, sondern meine rein persönliche Sichtweise. Ich habe auch Freundinnen und Freunde, die ab und an den Kopf schütteln, da sie meine Ansichten kaum nachvollziehen können. Letztendlich tue ich auch ihnen gut mit meiner Art. Das ist doch wunderbar.

Vielleicht fehlen dir in diesem Buch konkrete Anleitungen, wie du die Gedanken umsetzen kannst. Tatsächlich ist es für mich schwierig, dir einen Leitfaden zu formulieren, der dich in den liebevolleren Lebensmodus bringt. Denn es ist ein Lebensgefühl und keine strikt zu erlernende Lebensweise. Zudem tickt jeder von uns anders. Was bei mir funktioniert, kann für dich wenig hilfreich sein. Daher spüre stärker in dich hinein, was sich gut anfühlt. Probiere aus, wie weit du dich öffnen möchtest, und was es eventuell in deinem Umfeld verändert. Folge deinem Herzen, dem guten Gefühl in dir.

Ich habe einen Vorschlag, was du konkret tun kannst: Bringe mehr Freude in dein Leben und in das der anderen. Freude ist für mich das kraftvollste Gefühl überhaupt. Sie ist ein wichtiger Teil der Liebe. Sie ist nachhaltiger als Spaß, zumal Spaß ab und an auf Kosten anderer erfolgt und Verletzungen verursachen kann. Freude ist kostenlos und jederzeit grenzenlos verfügbar. Natürlich gibt es immer mal wieder Tage augenscheinlich ohne Freude, beispielsweise bei dem Verlust eines geliebten Menschen. Selbst dann lässt sich etwas Freude in der Erinnerung finden, die den Schmerz hoffentlich ein wenig erträglicher macht.

Freude in dein eigenes Leben kannst du bringen, indem du die Augen offen hältst und die kleinen Dinge wahrnimmst. Ich freue mich beispielsweise jeden Morgen über die Sonne, die mich wachkitzelt. Ich freue mich über einen Regenbogen, Blüten am Wegesrand, den Milan am Himmel, einen heißen Tee. Nutze die schon erwähnte »Strichliste der Freude«, um sichtbar zu machen, wie viel Freude dir tagtäglich wiederfährt. Oder teste mal das Tool www.freudefragen.de, das dir täglich persönliche Impulse gibt für mehr Freude im Leben. Erfreue dich an den Wundern dieser Welt, an einem Lächeln deiner Mitmenschen oder an spielenden Kindern. Wenn du offen bist für die Freude in deinem Leben, werden sich sicherlich weitere positive Entwicklungen ergeben, davon bin ich überzeugt.

Freude in das Leben anderer zu bringen ist auch ohne großen Aufwand möglich. Meistens reicht es aus, wenn wir dem anderen etwas Aufmerksamkeit schenken. Am Telefon präsent sein und bewusst zuhören, sich Zeit nehmen für ein Treffen oder nur mal zwischendurch eine kurze Nachricht, die signalisiert: »Ich denke an dich.« Bei Menschen, die wir kennen, dürfte es leichter fallen, etwas Freude zu bereiten. Im Alltag lässt sich das immer umsetzen. Die Tür aufhalten, jemandem an der Kasse den Vortritt gewähren, etwas Runtergefallenes aufheben, beim Kellner die gute Bedienung anerkennen oder sich bei der Klofrau für das ordentliche Örtchen bedanken. Tausende kleine Gesten können dazu beitragen, dass sich Menschen besser fühlen.

Nimm nichts als selbstverständlich hin. Selbstverständlichkeit ist etwas, das unsere Leidenschaft tötet. Wenn wir Menschen, Tiere oder Dinge als selbstverständlich ansehen, dann verlieren sie aus meiner Sicht automatisch an Wert. Wir schenken ihnen weniger Aufmerksamkeit, als sie eigentlich verdient hätten. Dadurch verpassen wir viele schöne Momente voller Freude. Wir übersehen sie schlichtweg. Versuche, deinen Geist wach zu halten und auch die scheinbaren Selbstverständlichkeiten anzuerkennen. Dass sie wertvoll sind, wirst du sonst erst bemerken, wenn sie aus deinem Leben verschwunden sind.

Wenn du es schaffst, leichter und lebensfreudiger zu leben, wird dies dein Leben bereichern, so habe ich es erlebt. Und du wirst automatisch ohne große Mühe diese Freude ausstrahlen und deine Mitmenschen daran teilhaben lassen. Freude färbt ab und verbreitet sich. Daher ist deine vermutlich wichtigste Aufgabe, Freude in dein Leben zu bringen. Damit erreichst du sehr viel und bewegst einiges auch in deinem Umfeld. Schau, was dir guttut, was dir Freude bereitet. Ein Telefonat mit einer Freundin, ein Bad, ein duftender Kaffee, ein gutes Buch. Nimm dir jeden Tag für diese Dinge etwas Zeit, und wenn es nur zehn Minuten sind. Sorge für dich, lebe in Freude, und dann kannst du diese wunderbar mit anderen teilen.

Ich wünsche dir weiterhin viel Freude im Leben, unvergessliche Begegnungen, liebevolle Menschen, die dich begleiten, und ganz viel Sonnenschein im Herzen!

28 Literaturtipps

In diesem Buch habe ich dir meine Vorstellung eines liebevollen Lebens vermittelt. In meiner Entwicklung haben mich viele Autoren inspiriert. Daher habe ich dir hier einige Literaturtipps zusammengestellt. Jedes einzelne Buch ist lesens- oder hörenswert. Und jedes findet dich, wenn die Zeit dafür da ist.

BYRNE, Rhonda, 2016. *The Secret – Das Geheimnis* [Hörbuch] Random House Audio

DAHLKE, Rüdiger und LINDAU, Veit, 2017. OMEGA: Im inneren Reichtum ankommen. [Hörbuch] Random House Audio

DISPENZA, Joe, 2018. *Werde übernatürlich* [Hörbuch] Koha Verlag

HANH, Thich Nhat, 2014. *Gut sein und was der Einzelne für die Welt tun kann.* [Hörbuch] Argon Verlag, ASIN: B00IS9JIOO

HAWKEYE, Timber, 2014. *Sit Happens: Buddhismus in allen Lebenslagen.* Knaur MensSana TB, ISBN: 978-3-426-87668-8

HÜTHER, Gerald, 2018. *Würde: Was uns stark macht - als Einzelne und als Gesellschaft.* [Hörbuch] Lagato Verlag

LINDAU, Veit, 2016. *Seelengevögelt: Manifest für das Leben.* 2. Auflage, Goldmann Verlag, ISBN: 978-3-442-22187-5

LINDAU, Veit, 2018. *Königin und Samurai: Wenn Frau und Mann erwachen.* [Hörbuch] Arkana Audio

LINDAU, Veit, 2014. *Liebe radikal.* Kailash Verlag, ISBN: 978-3-424-63089-3

LINDAU, Veit, 2019. *Werde verrückt: Wie du bekommst, was du wirklich-wirklich willst.* Goldmann Verlag, ISBN: 978-3-442-22255-1

SCHACHE, Rüdiger, 2008. *Das Geheimnis des Herzmagneten* [Hörbuch], LangenMüller Herbig *Dass es dieses Buch gibt, habe ich erst kurz vor Veröffentlichung meines Buches entdeckt. Ich finde es so spannend, dass ich unabhängig davon die Gedanken zur „Magnetischen Anziehungskraft des Herzens" hatte.*

SCHLENZIG, Tim, 2016. *Wie man die Dinge nicht mehr so persönlich nimmt* [online], mymonk.de

STRELECKY, John, 2017. *The Big five for life: Was wirklich zählt im Leben.* 20. Auflage, Erstauflage 2009, dtv, ISBN: 978-3-423-34528-6

TOLLE, Eckhart, 2015. *Jetzt! Die Kraft der Gegenwart.*[Hörbuch] J. Kamphausen Verlag, ISBN: 978-3-933-49671-3

TOLLE, Eckhart, 2010. *Eine neue Erde* [Hörbuch] Arkana

WALSCH, Neale Donald, 2018. *Gespräche mit Gott Band 1.* Random House Audio, ISBN: 978-3-442-34720-9

WINFREY, Oprah, 2014. What I know for sure, Pan MacMillan Verlag, ISBN: 978-1-4472-7766-8

>>*Für den Menschen gibt es nur eine Wahrheit: jene, die aus ihm einen Menschen macht.*«
(Antoine de Saint-Exupéry, 1900–1944), frz. Flieger u. Schriftsteller)

Mit meinem ersten Buch »JA! Leben DARF leicht sein!« möchte ich inspirieren, motivieren und dazu anregen, mehr Leichtigkeit und Lebensfreude im Leben zuzulassen.

Viele persönliche Geschichten, Inspirationen anderer Menschen und teils lustige Gedankengänge mögen dir helfen, freudiger zu leben.

Meine Lebensfreude habe ich in unterhaltsame, bewegende und zum Nachdenken anregende Zeilen verpackt, die dir guttun mögen.

Erhältlich im Buchhandel:

Paperback (10,90 Euro)   978-3-7482-8259-4

Hardcover (18,90 Euro)   978-3-7482-8260-0

e-Book (2,99 Euro)   978-3-7482-8261-7

Gedanken zu meinen Lesungen – Auszüge

»Mich selbst lieben lernen, gerade weil ich unperfekt bin – was für eine aufregende Aufgabe. Danke für die Inspiration.«

»Gut, dass die Medaille nicht nur zwei sondern sogar tausend Seiten hat.«

»Vielen Dank für eine Stunde voller Lächeln & Erkenntnis. Du machst ~~einfach~~ gute Laune!«

»Danke für die vielen Anregungen und guten Gedanken, die Du uns mit der heutigen Lesung auf den Weg gegeben hast.«

»Traumerfüllerin. Fröhliche Inspiriererin. Leben. Anstoss. Liebevoll in Deinen Worten und immer wirkungsvoll dabei. Worte gerne auch mal falsch :-) Viel Erfolg auf Deinem Weg.«

»Danke für deine Inspiration mit Deinem Buch und für Deinen Mut, so rauszugehen! Du machst mir und vielen anderen Mut und veränderst sicherlich Leben.«

Rückmeldungen zum Buch
„JA! Leben DARF leicht sein!"

»Nun habe ich Dein Buch gelesen und stelle fest, dass ich viele Bereiche bereits praktiziere. Aber es gibt auch diverse Neuigkeiten, auf die ich mich langsam vorbereiten kann, damit mir die Tage noch leichter fallen.«

> »Dein Buch habe ich in eins durchgelesen. Viele Dinge, die Du beschreibst, kommen mir sehr bekannt vor. Das Buch hat mich wieder wachgerüttelt ... im wahrsten Sinne ...«

»Dein Buch hat mich in sehr vielem ermutigt und bestätigt, in dem was ich selbst für wichtig und (für mich) als richtig empfinde. Zu oft, eigentlich immer, habe ich alles nur für andere getan und alles richtig machen wollen. Zu wenig habe ich mich selbst gefragt – und was tut dir gut?«

> »Auch Seite 93 gefällt mir sehr gut, ab heute keine Diskussionen mehr über die Spülmaschine. Dachte es ist nur bei uns ...«

Zeitfracht Medien GmbH
Ferdinand-Jühlke-Straße 7
99095 Erfurt, Deutschland
produktsicherheit@kolibri360.de